ヤマケイ文庫

山女魚里の釣り

Ashizawa Kazuhiro　芦澤一洋

Yamakei Library

山女魚里の釣り　目次

鼠ヶ関川……P.72
志戸前川
……P.30
小矢部川……P.174
小八賀川……P.240
薬師川
……P.52
高原川……P.218
跡津川……P.195
黒谷川……P.93
鱒沢川……P.114
芦川……P.133
雨河内川……P.153

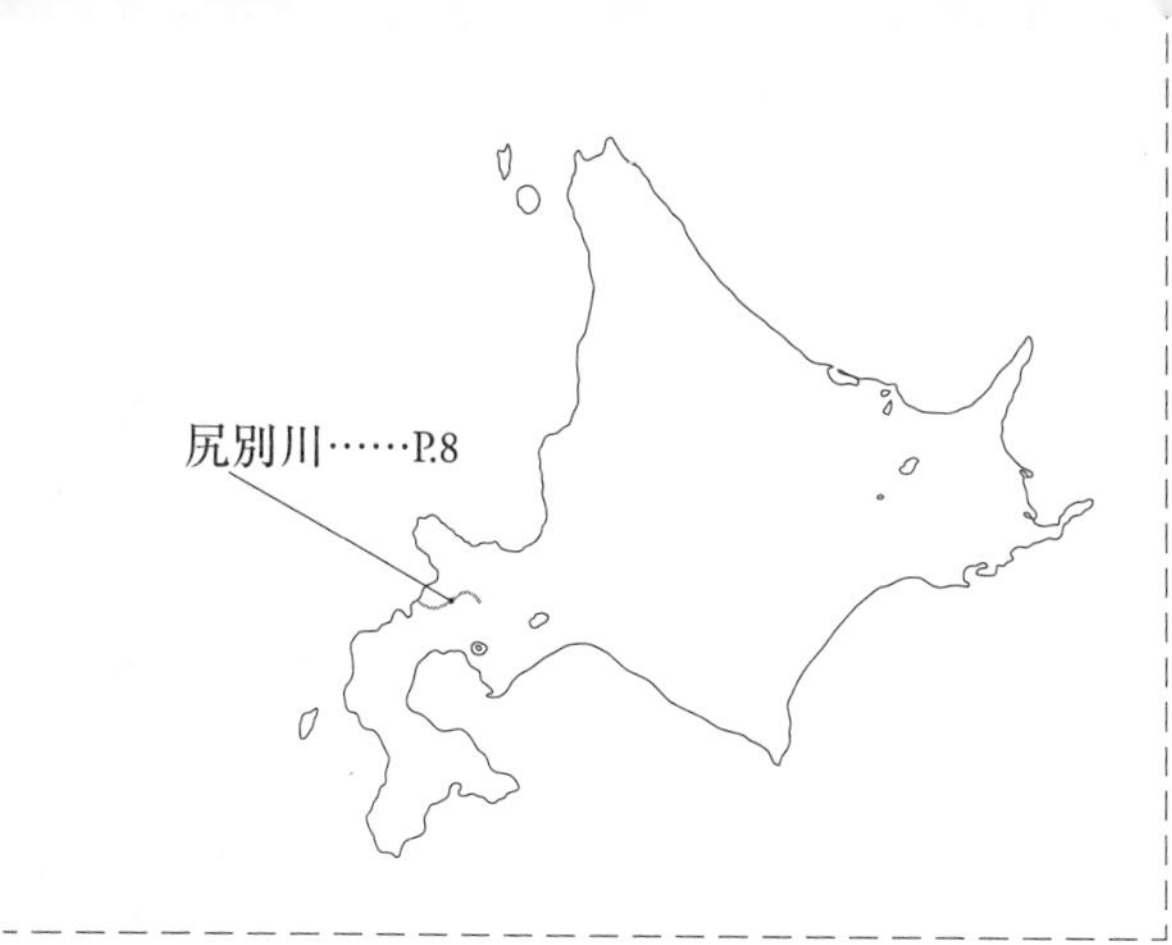

山女魚里の釣り INDEX MAP

人工鮭とは無縁な川——尻別川［北海道］

川に続く道には、まだ水溜りが残っていた。露いっぱいの雑草がその道を幅の狭いものにしていた。

早朝五時半。草の先端が、夏の光を僅かに受けて輝いていた。薄紅色の花をつけた柳蘭が、その雑草より更に背を高くのばして群を作っていた。こんな時間から、もう花が開いている。眠らなかったのだろうか。

名の由来である柳に似た細長い葉と、その花との間に、花弁より更に淡いライラック色の果実がついている。その先端は、少しばかり紅色が強い。果実も葉も八の字を逆さにしたような形で上を向き、沢山の花を下から支えているように見えた。

もう十年以上も昔、アラスカの川で、背よりも遥かに高くのびた、この柳蘭の群落のなかを歩いたことがあった。目よりも高いところで紅色の花が風に揺れていた。掻き分け、踏みつけ、その紅色の幕のなかを歩いた。柳蘭が香気を放つということを、そのとき私ははじめて知ったのだった。英名はファイア・ウイード。火焔草か。鈴蘭と同様、この柳蘭も、ラン科の花ではない。待宵草と同じアカバナ科だという。蘭と名付ける理由は何だったのだろうか。昔の人の、分析を越えた直感が、微笑ましく思えもする。

そこは尻別川《しりべつ》の源流域だった。

流れは浅く、少しばかり茶色の強い石の上を、冷たそうな水が走っていた。水はまるでスローモーションの映像を見るように、ゆっくりゆっくり石の間を動き続けていた。光が水を白く切り裂いていた。空気は限りなく、さわやかだった。

七月一日。東京は雨に違いない。

支笏湖と洞爺湖のちょうどなかほど。ニセコから千歳へ抜ける国道二七六号線、尻別国道。双葉から少し支笏湖に寄ったあたりで、その国道は直角に右折するのだが、川への道はそのまま直進。長い、砂利の直線路が続く。

後方に羊蹄山が薄くぼやけて見えた。ソーケシュオマベツ川にかかる小橋を渡ると分岐が現れる。地図には愛地という地名が書きこまれているが、家は分岐点に一軒あるだけ。

そこから一キロほどで川に出る。

真横から朝日を浴びての釣りは爽快だった。

早朝の釣りを全く知らないわけではないが、大抵は山のなか、朝の光をまともに浴びるような機会に恵まれた覚えはない。

左岸に渡ると、影が水中にまで延びてしまう。なるべく川から離れて歩いた。口笛を吹きたい気分だった。

川の標高は四〇〇メートル。周囲に四五〇メートルから六〇〇メートルほどのピークが連なっている。名前は分らない。

尻別川は流程の長い川だ。蝦夷富士羊蹄山とニセコアンヌプリの裾を巻いて日本海へ注いでいく。

地図を見ると、この尻別川の源頭と、石狩川支流千歳川の源頭がほぼ同じ場所にあることが分る。本当かと一瞬驚くのだが、これは間違いない。標高八六四メートルから南へ延びる幅五〇〇メートルの無名の鞍部を挟んで、西の沢が尻別川、東の沢が千歳川なのだ。

小さな大陸分水嶺、といった感じだった。

私は尻別川が好きだ。尻別川流域の風景が好きなのだ。源流域から僅か下、双葉の町からはじまり、喜茂別、京極、そして倶知安と、コニーデ火山、独立峰の羊蹄を巡って、川と道と町が続いていく。原生の自然ではない。すでに開拓され、開発され、搾取され、一部は荒廃している。更にニセコ、そして真狩。

ところどころに、古い北海道がそのまま残っているようなところがある。尻別川は遙か昔から、ずっと人々の暮らしに関わりをもってきた。もう十分、その使命を果したといっていいように思う。

この川を好きな理由がもうひとつある。鮭との縁が切れている、ということだ。鮭を考えずにすむことは、山女魚釣りの私にとっては有難いことだ。

日本海側はもともと樺太鱒、桜鱒の川。白鮭とは縁が薄いのだが、わけてもこの川と鮭との関係は淡泊に見える。早くから開発の進んだ地域だったため、河口が荒れたせいだろうか。

ともあれ私としては、鮭が姿を見せる川の、あの殺伐とした風景や人間模様を目にすることがないだけ、気が楽だった。

鮭は嫌だ。いや、勿論、鮭が嫌いなのではない。生きているときの、鮭という存在は大好きだ。しかしその鮭、あまりに虐げられている。まるで魚ではないみたいに、生きものではないみたいに虐げられている。そんな鮭を見たくないのだ。鮭と無縁の川を歩いていたいのだ。

ところが、そんな私の目や耳にしきりと、鮭についての情報が飛びこんでくる。多分、川の汚染が進み、破壊されて時が経過し、やがて環境回復の動きが見えはじめたとき、人々がまたも鮭をその指標物として利用しはじめたせいなのだろう。都市の川に鮭の稚魚を放し、数年後、鮭がその川に迷いこんできたものを評価して、川の汚染が緩和され、多少なりともその環境が回復しつつあると言い、思いこみ、納得しようとする人たちの行動が報道されるのだ。

これに出会うのが辛い。

国内の多くの鮭川は、今やその河口から産卵床まで、工場施設、住宅、あるいは農地、住民の生活環境に利用されつくされた結果、天然遡上、天然産卵の場として機能しなくなってしまった。本当の鮭の川は、もうほとんど姿を消してしまったのだ。北の国にあるのは、孵化場で採卵、飼育された食用鮭のための、何百メートルか、たった何キロかの水路があるだけだ。生命の尊厳を感じさせてくれるあの大いなる生きもの、鮭の、生と死とをもう私たちは目にすることが出来ない。

淋しい。その淋しさに更に追い打ちをかけるものがある。食用鮭として採卵され、飼育された稚魚を、出所とは縁もゆかりもない、都市の河川上流域に放置するという奇妙な催しがあちこちで行われるようになってきたのだ。

何尾かはいつの日か、そこに帰ってくるかもしれない、そこにロマンを見る、ということなのだ。鮭を川に戻す運動。その言葉はとてもロマンティックに感じられるもののようだ。そのことに反対したり、疑問を投げかける人はめったにいない。テレビや新聞の報道も決して批判的ではない。企業は当然の善事として、それを後押ししている。河川を汚染させた直接の当事者として企業はどうしても目立ってしまう。本当の汚染源は私たちひとりひとりの心のなかにあるのだが、それは誰もが目をつぶる。企業にとっては汚名の免罪符として、この鮭を川に戻す市民運動ほど有難いものはないだろう。

近頃では、鮭の稚魚をあたりかまわず放すことが、流行になったようにさえ見えたりもする。どうやら、生存不可能な水のなかに放たれる鮭の稚魚、一尾一尾の運命に思いを馳せる人など皆無らしい。鮭は食料源。個の生存は問題ではない、ということなのだろう。しかしやはり、生存不能の環境のなかに、その生命を投げだすということは、一種のジェノサイドだと私は感じてしまう。

最近はまた、実に一層胸の痛くなる状況がおこってきている。学童をその運動に巻きこむ例をあちこちで耳にするようになってきたのだ。新聞でこうした記事を読むほど辛いことはない。少なくとも北海道や東北など、現に鮭の遡上が許されている一部の河川での話なら、何とか目をつぶることが出来る。しかし私の住む都会の近くで、それが行われるとなると、どうしても心が穏やかでなくなってしまう。淋しく、辛く、苦しくなってしまうのだ。

秋の終りの頃、東京新聞紙上で「ぼくらの川に泳げ！　サケ」という大きな見出しの記事を読んだ。前書きはこんなだった。

「サケよ、野川を上れ！――河川浄化のシンボルであるサケの姿を、自分たちの街の川に見たいと、東京西部地方の市街地を流れる多摩川支流、野川流域の小、中学生らが稚魚の飼育に取り組もうとしている。三鷹市の中学生たちが中心となって、みんなで飼育しようと流域の小、中学校に参加を呼びかけたところ、上流の国分寺市をはじめ、小金井、調布、三鷹の四市から計十六校と児童養護施設の子どもたちが加わった。自然の営みを学び、東京の都市河川のなかでも、辛うじて武蔵野の景観を残している地元野川の清流復活に少しでも関心が高まれば、との狙い。数年後にサケが上ってくるのを夢みながら、子どもたちは来年二月の一斉放流を目指して、飼育用のいけす作りなどの準備を始めた」

勿論、学童たちの自主的な考えではない。教師や父兄のなかに、その運動の促進者がいたせいだ。つまり大人の知恵だ。

この野川の場合も、指導者はすでに、「四年前からサケの稚魚を飼育し、多摩川に放流してきた。しかし、多摩川はあまりに大きすぎて〝街の川〟のように親しめない。もっと身近な川に放流すれば、子どもたちの生きた自然教育につながると考え」、「趣意書を書いて各学校に送ったり、電話で参加を呼びかけた」と言う。

多摩川に鮭が戻ったかどうか不明だが、野川は言うまでもなく、その多摩川の支流である。

この鮭の卵は、「福島県双葉郡楢葉町の木戸川漁協から二万粒を購入」すると言う。「サケは母川回帰性があり、野川から多摩川―東京湾―北太平洋に出てアラスカ湾やベーリング海を回り、三―四年後に育った川に戻るとされている」。この記事に署名はない。

しかし大好きな東京新聞に、この無責任に過ぎると思える記事を読むのは辛いことだ。

鮭についての知識をしっかりもっている人はそう多くはないはずだ。この記事を読む読者は、この主唱者の言葉、「身近な川をきれいにしようと思い立った。野川の河口にはえん堤もなく上ってくる可能性がある」という言葉を信じるかもしれない。少なくとも、これを取材した記者は疑問のひとかけらも投げかけてはいなかった。

いくつかの、同じような出来事に対し、テレビや新聞の報道で疑問を提起した例はほとんどない。私が知る限りでは一度だけだ。

それが掲載されたのも、やはり東京新聞。

野川の話よりだいぶ古く、一九八五年九月二十一日。栃木県の話だった。

「足利市内のある市民団体が、ワンカップ運動の名で毎年春、市内の小学生たちにサケの卵を配り、コップなどの中でフ化した稚魚を渡良瀬川に放流している。主催者によると、運動の目的は『子供たちに壮大なロマンと夢を与え、生き物を大切にする情操教育にもなっている。川をきれいにする河川愛護思想の高揚にも役立つ』とのこと」というものだった。この「関東都県で広がっている〝カムバック・サーモン運動〟に警鐘を鳴らす」人がいる、と記事が紹介しているのは、「栃木県内水面漁場管理委員の杉田茂久さん（五二）」。その杉田さんのコメントはこうだ。

「コップや金魚鉢で育ったサケの稚魚が北洋まで出て行って再び元の川に帰って来ると本気で考えられますか。子供たちを裏切る行為を、いつまでも見逃しておくわけにはいきません」

「渡良瀬川には水質汚染がなかった戦前でもサケが上ってきたという記録がない。専門の施設でフ化した優秀な稚魚でも母川に戻るのは二％程度。コップや金魚鉢のサケは河口へたどり着くのも難しい。そんな放流は稚魚の大量殺りくと同じだ。いずれ子供たちの心を傷つけることになる」

「大人たちはサケを放流すれば、いかにも河川浄化につながるようにはやしたてるが、下水道整備をさぼっている行政の怠慢を免罪するだけ」だと。

私は想像してみる。野川の場合でもいい。もし万が一、鮭の稚魚がスモルト（幼魚）にまで育ち、ネオンサインに輝く夜の川を流れ下って河口にまで達し、その周辺の海域で数年を生き延び、また川を遡ってきた貴重な一尾があったとする。この鮭はその後、どのように扱われるのだろうか。子供たちが集まってきて、岸辺に追いつめ、陸にあげ、殺し、食べる。そういうことなのだろうか。記事の最後はこうだった。

「杉田さんによると、サケの卵は水産資源保護法によって都道府県知事の許可を受けた者以外は入手できないことになっているという」

そして杉田さんのコメントが結びの言葉。

「ヤミルートで手に入れた卵で情操教育や、壮大なロマンなどというのは、なにかおかしいと思いませんか」

いや思う。心からそう思う。

この記事から、そして秋の記事から、また時間が経って、二月、「多摩の小中生ら野川に近く放流」という記事と、「三鷹・野川で小学生ら六〇〇人、稚魚一万五千匹を放流」という記事が、二度にわたって東京新聞に掲載された。購入卵の数は二万五千粒、放流は一万五千尾。すでに一万尾の生命は失われていた。「体長五、六センチに育った黒っぽい稚魚」を放流した際の記事はこうだ。
「澄んだ川の中で、小さなサケたちはいくつもの群れになってしばらく回遊したあと、次々に下流へ向けて旅立って行った」。まるでフィンガリング（稚魚）が、浸透圧の違う淡水と海水など何の苦とも思わず、そのまま海へ向けて泳いでいくような書きぶりだ。これは小学生が教室のなかに掲示するために書いた壁新聞の記事ではない。大新聞の第二社会面に写真入りで掲載された、本当の記事。体中から力が抜けていく感じがした。

鮭と無縁になった川、尻別川。今、目の前のその川は、夏の盛り、真っ盛り。強い日射しだった

浮上波紋《ライズ》はない。水はあくまでもゆったりと石の上を滑っている。はじめ、何故水の動きがゆったりしているのか分らなかった。自分の気持のせいかと思った。目の錯覚かと思った。しかしどうしても、スローモーションに見える。流れの斜度の

問題ではない。そしてやがて気付いた。石の上部表面が平坦なのだということに。突起した石、不定型な石が少ないのだ。急流を転々として丸くなったわけでもない。水は石に激突していない。石の表面を舐めるようにして水は流れていく。尻別川の流れ。朝日の当る下流に目をやると、そこはまるで白い光の乱反射の平原。全てが光りわたっている。

私はいつものように、先端の石が作りだす水の高速道路を探した。その脇のたるみにも毛鈎を落した。♯14のフラッタリング・カディス。紫色の蓑毛を首に、同色の羽根を屋根型の背につけていた。

流れはじめてすぐ、水が光った。毛鈎の前で小さな飛沫が上がり、赤茶色の体がその下でくねった。岩魚だった。ピチピチと水音を立てながら、岩魚は足元に寄ってきた。

「おおい、岩魚だぞ。虹鱒《ニジ》じゃあないぞ」

私は案内の梅村英二君に言った。

「いいんですよ、それで。虹鱒はもっと下流です。ここらで虹鱒がきても、小型ばかりですから」

「岩魚なら岩魚だと言ってくれれば、気持も違うじゃないか」

「だから、そんなに水に近寄っちゃあ駄目なんですよ。離れて楽しんで下さい」

私は素直にその忠告に従った。いつものくせで、ぎりぎりまでポイントに近づいてしまう。水辺から離れた。そして気がついた。

音がないのだ。水音も、草の音も、樹の音も、何もない。あるのはただ光だけ、光だけが溢れている。

無音の音楽。光の音だけが、耳に流れこんでくるのだ。私は大振りの石をみつけ、その後ろに座りこんだ。石の上にそっと竿を置いた。蕗の大きな葉が背に触った。

こんなこと、前にもあったような気がする……。いや、なかった。はじめてだ。光の音が聞えてくるなんて、はじめてだ。

梅村英二も少し上流で、やはり石の上に腰をおろしている。彼は何を聴いているのだろうか。朝、こんな風景に出会うなど、思ってもみなかった。

道南には風がつきもの、私はいつもそう思っていた。何度かの旅のうち、風のない日はなかった。風の吹いていない時間はなかった。

朝も昼も夕暮れも風が吹いていた。道路の脇の小旗が、いつもはためいていた。不思議さを感じるほど、風が吹いていた。

それなのに、今、ここには、風がない。そして音がない。

竿を離して、空になった拳を強く握りしめた。指の先が痛くなるまで、いやもっと力を加えて、その指の先から力が抜けてしまうくらい、強く強く握りしめた。その拳のなかに無音の音を閉じこめておきたかった。

梅村英二のそばに行った。彼は言った。

「あの揚柳の下、やって下さい」。私の到着を待っていたのだ。そのポイントを見た。やはり石は隠れている。水が一箇所、ぐぐぐうんと、盛り上がり、湧きたち、そこから、四方に向って溢れだしていく。周囲とは少し様子の違うところがあった。梅村英二の考えはすぐに読みとれた。

四十五度上流に、私は直線的に投射糸《ライン》を投げた。スピードをつけて投げた。そしてすぐ竿もつ右手を、左の腰の前まで振りおろした。

これで、湧きたつ水の上を毛鉤は真っ直ぐ、下流に向って流れる。

流れた。駄目だった。下流いっぱいまで流れきった投射糸をもう一度、水面から空中に躍らせて、同じところに毛鉤を投げこんだ。

また駄目だった。対手は岩魚だ。それほど辛抱強い魚ではない。居れば出るはずだ。

もう一度投げた。考えていた場所よりだいぶ下流で、茶色の毛鉤がはじけた。そして光った。やはり岩魚だった。

上顎に掛かっていた毛鈎を外した。

岩魚は一度、深く呼吸し、あえぎ、それから尾鰭を震わせたあと、ゆっくり石の間に潜りこんでいった。

「やあやあ、まあまあですよね」梅村英二が喜んだ。

「嬉しいんですよ。このポイントは、釣ってもらわないと困るんです。なにしろ、絶対なんですから」

よかった、釣れて……。私はリールに投射糸を仕舞いこみ、梅村英二の座る石に背中を押しつけた。

私は白いポロシャツ。ヴェストは無し。胸と背に振り分けた小さなバッグに道具類を入れただけの軽装だった。ウェーダーも履かず、ただウエーディング・シューズだけだった。

「虹鱒の釣り場は全然違うところなのか」

私は聞いた。

「今日は駄目ですよ。時間が足りませんよ。あれは寒別ですからね。それともう少し上流、マジソン川ふうのところ。落ちこみがあって、白泡がいっぱいで。そうです、大石が入ってるんですよ。黒川虫のニンフ、大きいやつを使って……。スワナンデイズの黒川虫なんて使ったことないでしょう」

勿論ない。知ってる。京極から倶知安の間の尻別川。今、目の前を流れている川と、中流、下流の尻別川とでは、まるで様子が違う。

下流、いや中流と言うべきだろうか。その流れは、確かに合衆国西部、モンタナ州のあのマジソン川に似ている。そこで、鯱《いとう》を狙う土地の釣り人の姿を何度か見かけたことがある。

野生の鮭を目にすることは、すでに諦めているが、天然の鯱は川に残したい。今はまだ、多少なりと、巨大鯱の噂を聞くことのある道東の川たち。しかしそこからもいずれ、鯱は姿を消すに違いない。食用鮭を大事にする人為的環境は、自然産卵の鯱の生存にふさわしいものでは決してないからだ。

何年か前、道北猿払の川と湿原湖で、鯱の釣りを見たことがある。〝フラジェイル〟〝こわれもの注意〟の札を張ってやりたいような環境だった。息を吹きかけただけで、粉ごなに砕け散りそうに思えた。靴跡ひとつで全てが壊れてしまいそうだった。

そこで目にした鯱も、全くの無垢の魚だった。この魚を釣ることは、やめにしておこう。私はそう考えていた。

羊蹄山の麓、尻別川中流域、そこに残り僅かな鯱と、外国からやってきて、今はもう北海道の魚となった虹鱒が棲んでいる。私は、その虹鱒に期待をかけている。

あの、物干竿のようなロッドを水中に突き立てていた釣り人は、仕留めた鯇をどうするつもりなのだろうか。鮭と同じように、ただ食用にされるだけなのだろうか。鯇には、それ以上の価値がある。そして本当は、鮭にも、勿論、虹鱒にも。私はそう考えているのだが……。

天然の魚は、人工放流の魚によって、その棲み家を奪われる。それはごく当り前のことだ。人の社会にも、同じことがよくある。

土着の魚は、自分の勢力範囲《テリトリー》を守りながら、他の魚の勢力範囲を犯すことなく、平和と共存を保とうとする。そこへ、言葉の通じない同形異心の魚が群れを作ってやってくる。逃げだすしかないではないか。

鯇の運命は絶望的だと思う。天然産卵魚の生存は絶望的だと思う。

ブルース・ブラウンの『鮭の川、雲の峰』を思い出した。

「孵化放流の遺伝的影響が顕在化するまでにはまだ多少時間がかかるかもしれないが、養殖魚との競合が天然魚にとっていかなる受難となり得るかについては、モンタナ州のマディスン川における最近の調査がまざまざと語っている。孵化放流が中止されて以後、この川の天然の鱒は実に一八〇パーセント増加したのである」

京極から倶知安の間の流れを私は思い浮かべてみる。そこにマジソン川の、あの鱒を重ね合わせてみる。鯇のかわりを虹鱒が果す時代が来るかもしれない。勿論、護岸工事が今のままで終ればの話だ。尻別川が際限なく直線の水路に堕落していったら、結果は見えている。そのときは、すでに滅亡と言っていい在来の魚にかわるものとして、その位置を占めつつある外来種を、何とか天然産卵魚に育てようとする最後のもくろみさえも破綻してしまう。

『鮭の川、雲の峰』には、日本の鮭と鱒を考えるための良薬がぎっしりと詰っている。これと同じ内容の本が、もし日本でも書かれるとしたならば、日本の川にも未来はあるのだが……。いつの場合も、私は悲観的に考えている。

外国のことを考えるつもりはなかった。何となく大陸と比較してしまうのは、北海道がそれだけ、私の心のなかで大陸的なものとしてとらえられているせいかもしれない。本のなかに、「養殖の鮭鱒は天然魚を駆逐する」と説いた、有名な魚類学者、ロイド・ロイヤルについて触れる一節があった。

「『私が孵化場を止めさせたのだ』。人工孵化事業を進める代りに、ロイヤルはフレイザー河の悪化した環境を回復し、天然の鮭が棲みやすい河を取り戻すことを考えた。一九五〇年代のはじめ、委員会はブリティッシュ・コロンビア州のホースフライ湖を皮切りに、フレイザー河を溯るベニザケとカラフトマスのために六ヶ所の人工産卵水路を設けた。地形や環境によって設計はまちまちだが、基本的な考え方はどこも同じで、一定面積に腹腔内の腸のように水路をぎっしり這わせ、そこに太古の川の条件を再現したものである」

ロイド・ロイヤルは、フレイザー河を、「ユーコン以南最大の鮭の川」にした男だ。「しかも驚くべきことに、フレイザー河のベニザケはすべて天然魚であった」

原剛氏が毎日新聞紙上に書いていた。

「カナダ、アラスカ、そしてシベリアと連なる大自然界こそ、サケ資源再生産の本舞台である。多くのサケ川では産卵とふ化に必要な川底の湧き水を守るため、流域の森林の伐採を禁じている。百％人工ふ化に頼る日本人が、とうに忘れてしまった『自然とは何か』を示す光景である」

天然の鮭を食べてきたのは人間だけではない。熊も尾白鷲も、そして蝦夷縞梟もそれを頼りに生きてきた。鮭は死んで川床のへどろとなり、それは分解し流れでて、次に遡る鮭への道しるべとなり、滋養豊かな水を作りだし、大気中に放散され、太陽の光を受けて、また、小さな植物を生み出す力となる。

全てのものが鮭を必要としてきたのだ。

蝦夷縞梟は天然記念物に指定されている。

しかしその生物も、もう絶滅の運命にある。

環境庁は、人工の巣箱を設け、餌となるべき鮭を放流すると言う。川を失ったために、そして鮭を人工孵化事業によって作りだされた単なる食品として考えたために、蝦夷縞梟は滅びていくのだ。私たちは次々に大事なものを失っていく。

尻別川から樺太鱒は姿を消した。鯇も消えようとしている。放流され、やっと川に居付くようになった虹鱒を天然魚に育てあげるしかないかもしれない。そして上流域に、天然の岩魚を残したい。

「外国産の魚はもとより日本在来のマス類でも、本来そこにいない魚は放流すべきではないという意見がある。一理あるが、放流した記録さえ公開保存すれば、そう目くじらをたてることでもないように思う。動物の側から見て、一つ一つの種についてこれは本来いるべきだ、いるべきでないと決めつけ、あくまで〝自然〟を追求し続ける一種の純血主義ともいえるものに疑問を感じる」

水口憲哉氏が、『反生態学』のなかで、そう述べている。私もそう考えている。

川と同じこと、鮭も人々に活用され続けてきた。経済の具として、ときには情操教育の具だとして。多分、人は気付いていない。鮭の本当の価値、川の本当の価値を。

それがただいるだけ、それがただあるだけこそが、最高の価値なのだということを。

「今はこの源流でいいのです」梅村英二が言った。

「虹鱒釣りは忘れましょう。いつかきっと、釣れますよ。僕は……川は強いと思います」

その言葉を、私はさわやかな気持で聞いていた。

私たちは、八時半に釣りを終えた。風が少し吹きはじめていた。朝の尻別川源流。水の音をはじめて耳にした。

農耕社会の岩魚釣り——志戸前川［岩手県］

一面の山毛欅《ぶな》だった。川幅が広がり、そのなかの何分の一かを水が流れていた。中州の少しばかり盛り上がった砂礫地にも山毛欅が揃い、そのなかの幾本かは横に倒れかかっていた。枝は水中に没し、沢山の葉が流れに覆いをかけていた。いかにも岩魚の川らしい風景だった。

山毛欅が、全ての障害を克服し、成長しつくした森は、不毛の緑という感じがする。不思議なのだが、あまりに純粋に過ぎて、心が慰さめられないのだ。

倒木があり、多少なりと、生命の盛衰を感じる光景に出会って、はじめて、生きた森の息遣いに触れることが出来る。ほっとした気分になれるのだ。

生真面目そのものの山毛欅の森は、意外に潤いに欠ける空間だと、私の目には映った。

絶対に岩魚がいるはずの、流れの上を毛鈎は流れ去った。そんなはずはないと思ったが、透明無垢の水面を、毛鈎はただ滑るばかりだった。

九月の志戸前川《しとまえ》。静寂が極まった午後の時間だった。

盛岡市内近くで見る北上川は、確かに北の川だという感じがして好きだ。映している空の光が北そのものなのだ。ナイフの刃の光をしている。今このとき、まだ夏が終りきっていないはずなのに、何となく近寄り難い冷厳さを見せている。その川を渡って、雫石川、赤淵。

「ここまでクロスカントリー・スキーで来るんですよ」と運転席の盛岡の友人が、冬を話してくれた。山毛欅の森の入口だった。

少年時代の私にとって、山毛欅は身近な存在ではなかった。何も食べるもののない時代でも、山毛欅の、あの小さな実を拾った覚えはない。

いやそれどころか、栃も椎の実も拾った記憶がない。楢の実つまり団栗はよく拾いはしたが、これも口には入れなかった。

食べた記憶と言えば、せいぜい栗と胡桃と榧《かや》ぐらいのものだ。私が暮らした町の周囲、身近かな里山には、すでに山毛欅は完全に姿を消していた。

少年期の終り、少しずつ旅の足を延ばせるようになって、私ははじめて山毛欅の山を目にしたのだ。

戦争が生みだした人為的飢饉のなかでも、森の恵みを受けようとする知恵を、山の町の人たちはもっていなかったように思う。乏しい農作物の奪い合いをしていたように記憶している。いや、身近に恵みの森がなかったのだ。山毛欅の森がもたらしてくれるような、沢山の救荒食料を目にすること、口にすることは全くと言っていいほど出来なかった。

はじめは稗《ひえ》、粟《あわ》、黍《きび》、高粱《コーリャン》などの雑穀を、終期には甘藷の蔓、麸《ふすま》を食べていた。滑莧《すべりひゆ》、藜《あかざ》、野萱草《のかんぞう》、野蒜《のびる》、芹といった野草が少しばかりそれに混じった。

山女魚を釣るようになり、山里に足を踏み入れるようになって、各地に伝えられる採集生活の、その内容の豊穣さを知って、私は驚いてしまった。あの頃その知恵があったなら……。

山には、こんなにも食べものが豊富だったのか。もし狩猟採集の自給生活に頼って生きようとすれば、今でもそれはあながち不可能ではない。本気でそう思えもする。

山毛欅、山栗、鬼胡桃、栃、楢の実を採集する。山芋、山百合の根茎、球根を掘る。薇《ぜんまい》、蕨《わらび》をはじめとする山菜を集める。山葡萄、木通《あけび》、猿梨、またたび、全て蓄える。茸もとる。

蛇も山椒魚も捕えて保存し、岩魚、鱒を突く。罠を仕掛け鳥、野兎を捕える。

山の暮らしは、不可能ではなさそうに思えてくる。いや、かつては、それは現実の世界だったのだ。その名残りが今も生きている。

農業が食糧調達の基幹となる生活が長く続いても、もうひとつの暮らしぶり、山と川からの恵みに頼る法を人は忘れることは出来ない。

人が農耕に頼った糧食を手にするようになってからの時間は、採集に頼ったその時間より短いのかもしれない。

意外と言ってもいいほど、自然の恵みを人は口にしたがる。今も変らずにだ。郷愁を感じるせいだろうか。野生の植物ばかりでなく、野生の動物にもその手が及ぶ。みつけると捕えようとする。熊も鹿も猪も、そして岩魚も……。

山菜摘みと言い、茸狩りと言う。しかし思うのだが、片方で農耕をし、山野を侵食しながら、片方で残された山野から、天然の糧を求めるというのは、少しばかり贅沢に過ぎるかもしれない。

農耕も、狩猟採集も、どちらも悪いわけがない。しかし、お互いに共存はあり得ない。農耕をよしとすれば、山川を犠牲にしなければならない。山川を大事に思うとすれば、農耕を敵とみなさねばならない。

「空腹を感じた時には、誰からも強いられることなく自由に果実を摘んだかつての人間も、今では農夫になりさがっている」とソローは言う。勿論、反対の言い分もある。しっかり考えておかなければならないのは、私の生活が、農耕を基盤とする社会のなかにあるということだ。

決意しなければならないのは、二股をかけないことだと思う。農耕の産物で生活しながら、山の幸もと欲張らないことだと思う。

山棲みには、山棲みの生態と、哲学、そして生活がある。焼畑農業には焼畑農業の生態、哲学、そして生活がある。そして平地農業には平地農業なりの生態、哲学、そして生活があるはずだ。それぞれの立場の自然保護がある。それぞれの立場の環境保全がある。その立場を明確にしてからでないと、自然保護などという言葉をうかつに口には出来ない。私はそう思う。

農夫になりさがらなかった人は、山毛欅の森を護ろうと声を大にすることが出来る。岩魚を突き、熊を仕留めることを誇りにすることが出来る。世界に大地を痛めることなく生きようとした、多くのノマディクスの人々がいる。鮭を乾し、鯨を撃つ。その生活を基調とした生態学があり、自然保護がある。

同じ自然も、農耕者から見れば全く違ったものとなる。そこにも生態学があり、自然保護がある。

私がノマディクスの道をとろうと固い決意をかためる以外、私が山棲みの生態学、自然保護の態度をとることは許されない。

私は山野を搾取して生きる人間であり、農耕の生態学、哲学に則って考えを決めなければならない人間なのだ。私は、野生の鹿を撃ち、岩魚を殺す立場にない。もし私が鹿肉を欲し、岩魚を食べたいと欲したなら、それは飼育し、農業の一環として動物を考え、取り扱わねばならない。

農耕の生産物に頼りながら、山毛欅の森の大いなる恵みを語り、山の幸を欲し、岩魚の息を止めることは、私には難しい。岩魚は地上のどんな宝石よりも美しい、と私はいつも思っている。

この流れは全くの山毛欅の森、岩魚の聖域。

異神の怒りを恐れつつ、私は歩いている。

それにしても、この流れのなかに岩魚の影が何もないのは無気味だった。瀬が現れ、淵が続く。好場所の連続だったが、毛鈎はただただ水面を滑るばかり。乱暴に流れのなかを歩いてもみたが、足元から走りでていく魚の影は更になかった。

気持が苛立った。完成された自然のなかでは、何かひとつの、小さな欠落があってもひどく目立って、全体の価値にひびを入れる。

一尾の岩魚が姿を見せないことで、山毛欅の森全体に、私は不信感を抱きはじめていた。

投網を打って歩いた男がいたか、と私は猜疑の心をもちはじめていた。

これなら岳川に残った方がよかった。

前の川に思いを残すほど悔しく、惨めなことはない。しかし岳川は楽しかった。歩きながら、数時間前を思い出していた。

盛岡は枝垂れの植物の多いところだ。枝垂れ桜、枝垂れ柳は各地にあるとしても、枝垂れ赤松、枝垂れ桂は珍らしい。

市内の門《かど》、字直立《まつたち》。穂先を垂れた黄金田と、庚申塔、馬頭観音塔が並ぶ道の先。とある私有地の一角に、枝垂れ桂の大木があった。

縞蛇の肌のような、縦縞入りの幹から突出した枝は、いずれもその頭を下げている。その枝から、まるで蔦のような細枝が垂直に下がり、水分を失って、かさかさになった葉がその全体に密生していた。

近く寄って、また遠く離れて、その枝振りを私は眺めた。それから丸い葉の一枚を、手帖の間に挟みこんだ。

うまく枝折になってくれるか疑問だ、と私はぶつぶつ、ひとり言を言った。乾ききった葉の感触が気に入らなかった。

盛岡にはもう二株、枝垂れ桂の大木がある。

もとは早池峯神社隣の妙泉寺境内にあったもの。その蘖《ひこばえ》を移植して出来た二世、三世だと言う。その門から岳川へ向う道は明るく、心を浮きたたせてくれた。

どうも私は北上川左岸が好きらしい。紫波町から折壁峠を抜け、早池峯へと向う道に入ってすぐ、道路左側に白山神社があった。

参道左側は林檎畑だった。袋をかけられることもなく、剝き出しの実が赤い肌を見せてたわわに実っていた。

林檎の木の脇に、朱塗りの両部鳥居があった。どうしてこんなところに、複雑な造りの両部鳥居があるのだろう。私はその木肌を撫でた。

笠木の上にはしっかりした雨覆屋根がついていたし、台輪の入った両柱は、稚子柱でその根方をしっかり支えられている。背が低く、左右に大きい。安定感のある鳥居だ。

その奥に更に丸太の岩手鳥居、そして沢山の石碑、白山の文字とサンスクリット文字の碑文。いかにも早池峯への道にふさわしい風情だった。

峠を越えて、折壁川の細い流れに沿って下っていくと、そこが折壁の部落。ここも懐かしさを感じさせてくれる村だ。落合で岳川を見る。

「この伏流の巨きな大理石の転石に寝やう」

宮沢賢治が野宿した河原坊の遙か下流は、雨に煙り、黄ばみはじめた広葉の枝に覆い隠されて、かすかに濁りを見せながら、蛇紋岩の間を無心に流れていた。

高森、狼久保、いかにも宮沢賢治の詩に登場しそうな名前の部落を過ぎて、橋を渡り、日影飛内の部落に入った。まだ残る藁葺屋根の上に早池峯の山裾、山毛欅の森が見えた。

村は静まりかえっていた。心にしみこむ風景だった。橋際に一台、車があった。

盛岡の友人は結局、もとの道に戻って天王部落の道脇、大きな桐の木の下に車を停めた。

雨具にしっかり身を固めて、私たちは川へおりた。

私は竹の竿《バンブー・ロッド》を握っていた。いつの間にか、雨の日でも竹竿を使うようになってしまった。

一度、竹の肌触りを覚えてしまうと、なかなか人工素材の竿を手にとれなくなる。

雨のなかでは、もつのをやめておこうと思うのだが、山女魚が毛鈎をくわえたあとのことを考えると、どうしても竹竿を握りたくなってしまうのだ。藁葺屋根を見ながら山女魚を釣る。

雨の水面が薄紫色に見えた。思ったより強い流れだった。きっと斜度があるのだ。その早い流れが少し縒れて、白い泡を作りだしている、その線に毛鈎を乗せた。流れはじめると同時に魚が出た。掬網《ランディング・ネット》のなかに納まったそれは、銀白の腹に濃紺の幼魚斑を残した、鱗の小さい山女魚だった。

大きな胸鰭は、枝垂れ桂の枯れ葉の黄色より、更に純な檸檬《レモン》色をしていた。とろりと尾を動かし、胸鰭を張って、山女魚は流れに戻っていった。

すぐ先に大きな中の島があり、水はそこで二本の流れに別れていた。等量の水だった。

私は奥の側を選んだ。かなりの傾斜があった。水は白泡を連続させ、音立てて落ちていた。中の島の先端、流れは更に段差が大きく、手前の崖下で大きく屈曲していた。対岸の木立の奥に、人家の赤い屋根が見えた。畑地があるらしかった。途中一度の接近点を除けば、道と川は、丈高の草の密生する河原を隔てて、いつも一定の距離を保っていた。

岩魚の川かと思っていたのに、出てくる魚は山女魚ばかりだった。驚きでもあり、嬉しくもあった。

〝あみゃあふる　かぜぁあふぐ〟口中で呪文を唱えながら、私は竹竿を振っていた。いい気分だった。見た目より強い流れを押し返すようにして、左岸を遡っていった。白い靄が水面を次第に曖昧なものにしていた。もう約束の時間を過ぎていた。右岸へ戻りたかったが、渡渉場所がみつからなかった。前方を見ても、同じ状態が続いているように見えた。思いきって後戻りし、瀬を渡った。広い河原のおうとつの激しい岩場を越えて、道路に出た。

午後は志戸前川。それは以前からのスケジュールだったが、私の気持はまだ北上川左岸、早池峯の麓から離れずにいた。

旅が長ければ、見ておきたいところがあった。コメガモリ沢の谷頭、頭垢離《こうべごり》と呼ばれる、地下水の湧水口。それに河原坊の、あの大理石の転石の上に寝そべりたくもあった。

今度の旅では、それは無理としても、岳の早池峯神社だけは見ておきたかった。早池峯神社の東参道入口に据えられている鳥居は、古い、典型的な岩手鳥居で、笠木は波うつ一本丸太。柱にころびはなく、真っ直ぐ土中に突き刺さっていた。岩手鳥居ほど、早池峯の地に似合う建造物はない、と私は思う。土の匂い、森の匂い、山の匂いがある。力強さを感じる。山女魚が似合いだと考える。

東参道から早池峯神社の本殿へ向う道脇に小さな石碑が一群を作っている。そのなかのいくつかは、山神宮、山神社と読める。

早池峯の山と、そこから流れでていく水。それは神の本体なのだ。岳川で山女魚を釣ることの素晴しさを、その石碑が改めて教えてくれたような気がした。

境内の一角で、山葡萄の実をみつけた。すでに黒紫色に熟れていた。一粒、口に入れて、噛まずにまたとりだしてみた。茄子紺を更に青黒くした色、まるで真夜中の空の色だった。

団栗と栗の実が、雨のあがった路傍で光っていた。広葉樹の葉影に岳川の河原が見えた。

乾きはじめた石が白さを増して輝いていた。

雲はまだ早池峯の頂きを隠していたが、その白さにむらがあり、昼近い太陽の位置が分るまでになっていた。

翠玉色《エメラルド》の水色も輝きを増しはじめた。私はまた山葡萄を口に入れ直した。後ろめたさを感じながら……。福岡正信氏の言葉を思い出した。

「自然食の目的は、上手に解説していろいろの食物を選択する知恵者を造ることではない。自然の園から食物を無心にとっても天道にそむかない、無智の人間を造るためである」

　自然食、これが難事だ。

「この世には、大別すると次の四つの食事法がある」と、福岡正信著『わら一本の革命』は語る。四つの食事法とは……。

「㈠は、外界の条件に左右され、邪欲、嗜好に合わせた放漫な食事で、いわば頭の先で食べる観念食である。いわば放継食（虚食）である。㈡は生物的判断から、栄養食品をとって肉体の生命を維持し、嗜好の拡大につれて、遠心的な進展をつづける一般人の肉体本位の栄養食である。いわば物質的な科学食（体食）である」。確かに、この㈠㈡とも、私には身に覚えのある食事法である。放縦であり、分析的である。問題はこの後だ。

「㈢は、西洋の科学を超え、東洋の哲理を心として、食物を制限し、求心的な収斂をめざす自然人の精神的な理法の食（理食）である。一般に自然食といわれるものが、この中に入る。㈣は、一切の人智を捨てた、無分別の天意に従った食事法である。これが理想の自然食で、不分別食と名づけておく」

　誰でもが、理想の自然食を求めるとは限らないが、山女魚釣る身としては、やはりここは覚悟を決めておかねばならない。福岡正信氏は続けて言う。

「人はまず、万病の素となる虚食を離れ、生物的生命維持に過ぎない体食に満足せず、理食を実践してなお理食を超え、真人となって理想の自然食をとることを究極の目標とせねばならぬ」

理想の自然食はあくまで〝理想の〟だ。福岡正信氏も言う。「理想の自然食を究極の目標として、常人はその一歩手前の自然食を先ず実践し、自然人となるよう精進せねばならぬ」と。理想食というのは、

「もし人が真人であり、心身が真に健康であれば、人間は自然の中から誤りなく正しい食物を無分別でとる能力が自然にそなわっているはずである。身体のまま、意のままに従って、美味なれば食をとり、不味なれば食を絶つことは融通自在で、無為、無策で自由奔放、しかもそれで最高の妙味を味わう」ものだと言う。この、無分別な食を求める人は、言うまでもないことだが、分別のある人だ。

私と、私をとりまく食の環境は、あまりにその理想の自然食に遠い。一歩手前の自然食さえ、遙か彼方に見え隠れするばかりだ。

福岡正信氏は、自然人の自然食を、しっかり説明されたあと、具体的な話をしてくれる。

「火食、塩味つけ、万端ひかえめにして腹八分、手近な所で得られる四季おりおりの

旬のものをとればすでに十分である。一物全体、身土不二、小域粗食に徹することである。広域過食が世を誤らせ、人を病ませる出発点になっている」。分っているのだ。粗食は問題ない。ただ、手近かな所で得られる四季おりおりの旬のものをとる、というのが難しい。

いや気持の問題ではない。気持は十分にある。しかし実践は難しい。これは食環境というより、住環境を私が変改しなければ、本当の達成は不可能だと思う。

ここで言っている、四季おりおりの自然食品が無差別な山野菜摘みを言っているのではないことは言うまでもない。食はあくまで農耕によって手に入れるべきものだ。となれば答えはひとつ。私が農耕人になるしかない。農業をやるしかない。

結局は私は、悩める夜鷹として、星になるしかない。自然食が遠のいていく感じだ。ともあれ、私としては、まず農耕を受け入れるか、狩猟採集に肩入れするかの覚悟を迫られ、農耕の社会に身を置くことを承知した。

ソローを裏切ったのだ。雨ニモマケズ、を受け入れたのだ。

人の作りだした〝自然〟という言葉、観念は、その身の置き方によって、どうともとれる厄介なところがある。正でもあり、邪にもなる。

山菜の薇を採集すること。狩猟採集の文化を受け入れた自然人にとって、それは限りない生の喜び。一方、農耕を基盤として生長した文化から考えれば、現代の状況のなかでは、多分、それは罪。しかも二重の罪。ひとつは野生の生命を摘む罪。もうひとつは、それに依って生きようとする人々の文化、経済体系、価値観を脅かす罪。岩魚についても同じことが言える。

自然を思い、自然と暮らし、その保全や保護を考えるということは、一筋縄ではいかない。自然環境の生態は複雑に過ぎて、到底整理不可能に見える。

何が好物ですかと、人に問われる。口籠る。

肉が好きですか、とまた問われる。他人の食生活は興味あるものらしい。いえ、と言いつつ、半分半分だな、などと考えていると、それでは魚ですか、とくる。いや魚は駄目です、と言うと、じゃあ、何ですか、と問われる。

そんなに食べものが沢山あってどうするのだろう。そんな分け方をしてどうするのだろう。はっきり言って、私は穀物が食べられればそれでいいのだ。米であれ、麦であれ、玉蜀黍であれ……。芋でいいし、豆でいい。

あとは多少の野菜。雨ニモマケズ、だ。

農業とは、自分の周囲の狭域で、穀物を生産することを言う。それでいい。

釣りを忘れていたわけではない。山毛欅に包まれ、初秋の匂いを満喫しながら、歩き続けていた。ひっきりなしに毛鈎を投げていたのだが、水中に生きものの気配は更になかった。集中しているはずなのに、意識は他に動いていた。

『反日本人』のなかで、著者のロビン・ギルが、一九二六年、イギリスの外交官夫人となった、チベット女性の言葉を引用しているのを思い出し、そのことを私は考えはじめていた。その原典（RINCHEM LHA-MO, We Tibetans）を確かめることは出来ないから、これは、ロビン・ギルの引用を、また引用することになるのだが……。

「チベットでは、食べるために殺すのは雄牛、羊、豚だけです。……牛、羊、豚は大きな動物ですから、一頭の死は、大勢の人に肉を与えてくれます。私どもは……小さな生き物を食べません。チベットでは、一つの生命で大勢の命が生かされるのです。あなたがたはたった一口で一個の、あるいはもっとたくさんの生命を食べてしまう。ふつうのディナー・パーティーで、鳥や魚、カニやエビなど小さな生き物の命を何百も奪っています。あなたがたは、生きているものをそのまま料理したり、生きたまま食べたりまでするのです。私はこの目で見ました」

興味深い話が続くのだが、ロビン・ギルは「この信心深い仏教徒の婦人は一口に何百匹も食べてしまうシラスやコエビが登場する日本の食生活を知ったら、さぞ嫌悪感を抱いたことだろう」と結んでいる。

食事のことを考えるのはやめよう。どうしてこんなことになってしまったのだろうか。

きっとあのとき、自然の幸、山葡萄を口に含んでしまったせいだ。思いきり嚙み砕き、その酸っぱさを体中にしみわたらせてしまったせいだ。ともあれ、私としては、あの活魚の料理が出てきたら、静かに席を立てばいいのだ。

そのことで心煩うことをやめよう。

美味なれば食をとり、不味なれば食を絶つ。

私がやるべきことは、自然のなかをいつも歩きまわり、腹を十分に空かしておく、それだけだ。

流れから目をあげて、なお続く山毛欅の森を見た。それにしても、岳川があれほど輝いていたのに、この志戸前川の沈みようはどうだ。流れは黙りこくって、赤い滑岩の間をただ走り抜けていくだけ。石も樹も、まるで呼吸を止めた感じだ。

大きい屈曲部を抜けた。滑床の中央に、色を失った水が、無心に白泡を生みだしている窪みがあった。

私は一度行き過ぎ、改めて、その白泡を振り返った。そこに岩魚が居ないわけがないと思った。投射糸《ライン》を短く詰めたまま、ぴしりと毛鈎を白泡に叩きつけた。そのまましばらく泡の表面をころがした。すっと抜きあげ、また叩いた。同じことを何度も繰り返した。何度も何度も繰り返した。三十回を越えた。なお叩いた。それからまた七回、毛鉤が白泡に飛びこんだ瞬間、岩魚がそれをしっかとくわえた。

そうさ。それが当り前なのだ。岩魚は必ず毛鉤をくわえるものなのだ。仮りに誰かに、ひどく痛めつけられていたとしてもだ。

その一尾の岩魚の眼をしっかりみつめ、それから流れに戻した。私はもう毛鉤を流れに乗せることもせず、ただ歩き続けた。

頭のなかに何も浮かんでこなかった。

ゴルジュ帯が現れたが、遡行に面倒はなかった。その先で、左岸から一本の流れが入ってきていた。荒沢。標高三〇七メートル。約束の場所だった。コンクリートの橋、いや、それを橋と呼んでいいものか分らない。堰堤の中央部をアーチ形に刳り貫き、そのなかに水を通している。何と呼べばいいのだろうか。

その約束の場所に、まだ盛岡の友人の姿はなかった。夕暮れが迫りかけていた。石橋の脇の深い水の溜りに毛鉤を投げて時間をつぶした。先端鉤素《ティペット》が毛鉤を動かすまで、竹の竿をそのまま前方に突きだし、動かずにいた。毛鉤がゆっくりと動きはじめ、次第に加速しはじめた。それを待っていたかのように毛鉤が水を弾いた。右の腕に心持よい衝撃が伝わった。瞬間、何となく心のなかに晴れ間が覗いたような気がした。

岩魚の背の脇に緑色の帯が見えた。滲んだ白斑の輪郭が、美しい虹色をしていた。掬網の竹の枠で仕切られた囲いのなかで、岩魚は背鰭を水面に出したまま動かなかった。

盛岡の友人が橋を渡って帰ってきた。両手いっぱいの山葡萄を私に見せた。私は掬網を指さした。彼はそれを覗きこみ、その岩魚を夕暮れ空を映した、黒い水に戻した。私は山葡萄を胸にかかえていた。いつかこれは発酵し、味のよい飲みものに変身するのだ。それを口にするとき、私は何を考えているだろうか。山毛欅の森の道際に、またたびの実が見えた。志戸前川、初夏の姿をもう一度見なければならないと思った。

木製電柱の山女魚里——薬師川【岩手県】

下村の橋を老人がひとり歩いてきた。橋下から川に入ろうと心に決めていたのだが、老人の近づくのを待って声をかけた。ここから入っていいものかどうか、確認したいという気持があったからだ。

老人はしきりに口を動かしてくれた。しかし私には、うまくそれが聞きとれなかった。

困ったことになったと思ったが、ともかく思いきり笑顔を作り、頭を下げ、その老人と別れた。

とうとう雨が落ちてきた。九月末の弱い雨脚が川の風景を淋しいものにしていた。

橋の下方に、とろりと流れる小さな瀬があった。いかにも山女魚の水、そう思った。まず、あの瀬に何度か毛鈎を流し、それから右岸に渡って釣りのぼっていこう。心のなかで歩きを組みたてた。

水に入ろうとして、はじめて、その瀬の縁にうずくまっている人影に気付いた。女性だった。それだけ分った。若かったのか年とった人だったのか、洗濯をしていたのか、野菜を洗っていたのか、はたまた足を洗っていたのか、私は見ていない。すっかり驚いてしまって、一瞥すると同時に私は石を跳んで上流へ走りだしていた。ああ残念、一番の好場所を失してしまった。

その日も私はいつもの鹿毛石蚕毛鈎エルクヘア・カディスを飽きもせず先端鈎素に結んでいた。ひとつ上の瀬にその毛鈎を入れた。何度か投射したのだが、山女魚の姿を見ることは出来なかった。

少しばかり驚き、少しばかり失望した。下の瀬には及ばないまでも、上の瀬だって決して悪くはない。一投目から山女魚が出てくるものと信じていた。

小国川の、あの魅力的な流れに目をつぶり、じっと我慢して、この薬師《やくし》川へ直行してきたのだ。山女魚だって、そのへんのことは分ってくれているはずだと……。

あの老人との出会いが問題だったかな。もしかして老人に姿を変えた山の神が、私の心を覗きに来たのかもしれない。私は失敗しなかっただろうか。

老人の眼光や口元の動きを思い出しながら、毛鈎を投げていたが、ぎこちなさが体のあちこちにあって、気分がもうひとつ乗っていかない感じだった。

橋を潜《くぐ》り抜けて右岸に出た。あれほどの好場所から山女魚が出ないとしたら……。少しばかり不安だったが、それは杞憂だと、すぐに分った。考えていたより、流れは早かった。

腰を押しだすようにして、岸近くの石の間を歩きながら、毛鈎を前へ、前へと投げていった。やがて反応があった。少しばかり赤味を脇腹に見せた、きれいな山女魚だった。

胸のなかにつかえていたものが、すっかり消えていた。深い呼吸が戻ってきた。これでいいのだ。

水を切って歩きながら、私は今見てきたばかりの江繋《えつなぎ》、明神の部落のことを考えていた。

家々の屋根に、信じられないくらい美しい、そして古い瓦が載っていた。鳩羽の鼠色、それに苔蒸す緑が重なって、何とも言えない古色を作りだしていた。がっしりと厚く、少しも傷んでいる様子は見えなかった。

あの瓦はどこから来たものなのだろうか。宮古からか、遠野からか、盛岡からなのか。

古い瓦は九月の雨によく似合っていた。

立ち止まり、私は耳を澄ました。

「早池峯は御影石の山なり。この山の小国に向きたる側に安倍が城といふ岩あり。険しき崖の中ほどにありて、人などはとても行き得べき処にあらず。ここには今でも安倍貞任の母住めりと言ひ伝ふ。雨の降るべき夕方など、岩屋の扉を鎖す音聞ゆと云ふ。小国、附馬牛の人々は、安倍が城の錠の音がする、明日は雨ならんなど云ふ」『遠野物語』だ。

夕方にはまだ間があった。このまま、水のなかに立って耳を澄まし続けたら、その錠の音を聴けるかもしれない……。

小国川に目をつぶっても薬師川を釣りたいとこだわったのは、少しばかり前に読んだ、『歴史公論』昭和五十九年十二月号「安倍貞任兄弟伝説」のなかの一節のせいだった。筆者は菊地敬一氏。

「貞任は立丸峠を越えて川井村の江繋に入った。貞任は深い山中でとほうにくれた。そのとき霧の切れ目に早池峰山が顔を出して光った。貞任は手を合わせて祈った。『早池峰神よ、われらを救いたまえ』。貞任は天に向かって弓矢を放つと、矢は金色に光って西の神楽の方向に消えた。『神のおつげだ』貞任軍は気をとりなおして薬師川をのぼった。川原に真竹と藤が生いしげっていた。『これこそ神のお恵み』兵士たちは夢中になって藤づるを切って弓を張りなおし、竹で矢をつくった。それ以来、薬師川の上流には藤がなくなった。貞任は神のおつげどおり、檜内《ひない》沢から桐内《きりない》を通り、三《さん》平《だいら》から尾根を伝って早池峰山へと隠れた」

その地が安倍が城、錠の音の出所だ。

美しい名前の部落、神楽の方向は真西。合流点から明神、馬渡、下村、大畑と部落は続き、その先が神楽だ。

更にその西にあるものといえば、タイマグラという奇妙な名前の沢地がひとつだけ。あとは薬師川を詰めても、タイマグラ沢を詰めても、高檜沢を詰めても、早池峯の尾根に出る細道があるばかりだ。

大正十三造著『岩手の古地名物語』を見ても、このタイマグラという地名については、はっきりしたことが分らない。

「『タイマグラ』は例えば『タイ・オマ・クラ』ですと『林・多い・沢』になりそう」だが、それはまだ未考だとしている。いずれにしてもアイヌ語系の言葉から出た地名であることは間違いない。この文字が示す神秘性が、山の向うを、異国にしていた。

江繋を訪れ、薬師川の畔に立ち、小手をかざして神楽の方を見やり、それから耳を澄まして山の音を聴きたい。これは、菊地敬一氏の文章を読んだときからの、私の夢だった。

それにしてもこの話はどこから出たものだろう。私にはその伝説の出所が皆目分からなかった。その調子から言って、薬師川周辺で採録されたものであるに違いない。

菊地敬一氏が岩手日報に連載した「安倍貞任伝」を一冊にまとめた『北天の魁』のなかには、この挿話は登場しない。柳田国男の『遠野物語』にも『山の人生』にもそれはないし、小形信夫『陸中の伝説』、大正十三造『岩手の古地名物語』、佐藤敏彦／金野静一『岩手の民俗散歩』、どれにも見当らない。出所は分らなかったが、この小さな挿話は、私の胸の底にしっかりと根をおろしていた。きっと何かの文書に、その話があるのだ。それは信じてかまわない。となれば、その記のおこった江繫を見たい。薬師川はずっと心のなかを流れていた。

『陸奥話記』を読む限り、仙台に近い多賀城から盛岡斯波城、あるいは厨川の柵まで、前九年の役全ての戦いは、北上川右岸で展開されてきたようにみえる。安倍一族が宮守村から遠野周辺、そして川井村から早池峯まで、北上川左岸に時を過した形跡は見当らない。

しかし貞任伝説は、その左岸寄りにもたっぷりある。柳田国男の世界にもそれは登場するし、地図を見ても、貞任の名をあれこれ探すことが出来る。阿部館山、貞任山、貞任山口牧場などの文字がたやすくみつかる。

確かに戦いは川とその岸辺の交通路、駅家を継いで展開され、南から北へとのぼっていったに違いない。食糧調達の面倒な山地で長い期間戦いが続けられる可能性は薄い。

しかし貞任は北の人にとって、英雄中の英雄である。どこに出現しても決して不思議ではない。

菊地敬一氏の『北天の魁』は多くの正史、野史から厖大な資料に当って出来あがっている。『陸奥話記』、『今昔物語』、『十訓抄』、『古今著聞集』、『義経記』、『吾妻鏡』、『前太平記』、『藩翰譜』などの古典から、『百錬抄』、『扶桑略記』、『康平記』、『朝野群載』、『羽黒祭文』などの古書、更に『宮守村誌』、『荒谷古文書』、また神社由来記、個人日誌などが登場する。

少なくとも古典、古書のなかには薬師川の貞任は登場しない。多方、その出所は古文書のなかにある。『荒谷古文書』は「鮎貝番所（仙台藩と盛岡藩の国境の番所）にいた荒谷陸右衛門という人の家に残された古文書」とあり、これは江繋の地からは遠すぎる。

となれば『宮守村誌』。謎はこのなかにある。いつかこの謎解きの出来る日も来ることだろう。

私は東北の地に憧れている。東北に深い愛着を感じている。その気持の源を辿ると、貞任と阿弖流為《アテルイ》というふたりの男に辿りつく。貞任への憧れ心は少年の日からのものだ。

東北への旅、それは貞任の匂いを求める旅、私はいつもそう思いこんできた。貞任が表徴するものは、権力への抵抗、そして土着の豊かさ。東北、山女魚を釣る旅は言ってみれば、私の心のなかの貞任追悼行なのだ。

雨の降るべき夕方など、岩屋の扉を鎖す音聞こゆ。それを味わう釣りなのだ。

秋のはじまり。薬師川下流域は、その水勢はともかくとして、水量は想像していたより少なかった。渡渉に苦痛は感じなかった。

丈の低い堰堤が流れを遮っていたが、その地点まですでに何尾もの山女魚が毛鈎をくわえてくれていた。形の大きなものは見えなかったが、それは問題ではなかった。

川には、少しばかりの山女魚がいてくれればそれで十分なのだ。道端の庚申塔を覗きにいったり、地面に落ちた栗の実を拾い、毬のなかを点検したり、山の樹の様子を眺めたり、水の音に耳澄ましたり出来れば私は満足。なによりも江繋を見ることが出来たのだし、早池峯から聞えてくる山の音に耳傾けることが出来たのだ。それで十分だった。

薬師川下流、そこは思ったとおりの、いや想像以上の山女魚の川だった。

私は雨に煙る神楽の地を見て、薬師川の釣りを終えた。

『安倍貞任兄弟伝説』は、早池峯山に入った貞任が、やがて「山からくだって、亀ヶ森村から彦部村と北上川の東岸を通って、最後の決戦場であった盛岡市の厨川柵に入る」と書いている。同じ資料に依るものだと思う。

峯から亀ヶ森への道、これは岳川に沿って下っていくものだ。雨の日の岳川も見たい。いつかこのまま峯を越え……。私は欲ばっていた。

前九年の役とか、安倍貞任とかいう言葉が頭のなかに入りこんだのは、ずっと昔のこと。『古今著聞集』の一話が口当りよく脚色されて、少年の心をとらえた。

衣川の柵の戦い。敗走する安倍軍を追って征夷軍の大将源義家が、貞任をみつける。そして声をかける。「衣のたてはほころびにけり」。貞任は答える。「年を経し糸のみだれのくるしさに」。義家はつかえた矢を射ることなく、貞任を逃した。

「さばかりのたゝかひの中に、やさしかりける事哉」『古今著聞集』武勇第十二の最後は、そう締め括られている。この話を教えられたのは、小学生のときなのか、中学生なのか、はっきりしない。何かの授業のなかだったのか、単に本を読んだだけなのかも思い出せない。本か話か分らないが、きっとそれは、文武両道にひいでた武将、あるいはその武将のおくゆかしい心とたしなみ、そんなものを伝えることが狙いだったのだろうと思う。

主人公は義家の方なのだ。きっと華麗だったに違いない。私は頭のなかにそのシーンを思い浮かべようとする。そして気付く。不思議なのだが、私の脳裏に浮かぶその挿絵には義家の姿がない。登場するのは貞任ばかりだ。

振り返り、馬を止め、瞬時に言葉を返す、その貞任の姿だけだ。多分、絵本だ。少年向けの絵本のなかに貞任が登場していたに違いない。その絵が潜在的なイメージとなって、そのシーンを作りだしているのだと思う。そこには義家も登場していたはず。それの方を主人公にしていたに違いないのに、私には貞任しか見えていない。私にとって敗者貞任は限りなく美しい存在だった。

敗れゆく敵将に尊敬の念を抱く話は、古今東西決して少なくない。それは勝者の特権でもある。

しかし少年の胸にしみたのは、その勝者義家の正義ではなかった。逆だった。私の胸は貞任に味方していた。貞任に憧れていた。

大人になってから、もうひとりの東北の男を知った。胆沢の族長、大墓公《たものきみ》阿弖流為。征夷大将軍坂上田村麻呂と戦い続けた男だ。最後に阿弖流為は田村麻呂の言を信じて、捕われの身となり朝廷の国におもむく。阿弖流為は東北の民を救うため、田村麻呂は阿弖流為を救うため、やはりふたりの間には友情に似た信義が生まれていたのかもしれない。結果は言わずもがなだ。

貞任と阿弖流為。ふたりの心のなかに流れている何かが私は好きだった。東北を身近に感じさせてくれたのは、間違いなくこのふたり。私は今もそう信じている。

盛岡から東に向い、宮古まで延びる国道一〇六号線が区界《くざかい》を過ぎると、閉伊川がはじまる。太平洋へ向う川だ。

山毛欅が緑の厚い山肌を見せて川に迫ってくる。水楢、小楢、栗などがその縁部に確認出来る。私の好みとしたら、山毛欅自体の数が少なめであって欲しいのだが、そんなことを言ったら罰が当る。

小国川、薬師川へと急ぎながら、私はその区界の先、兜神社の前で車を停めてもらった。運転者は、案内役の加賀屋憲一氏、そして婚約者の相川万里さんが同行している。

なだらかな兜明神山、その裾ひく姿の美しさが何ともたまらなかったからだ。閉伊川水源のその山は、標高一〇〇五メートル。むしろ丘と言うべき感じだった。その山頂部は、兜の鉢を思わせる岩山だと言う。

あの頂きの奥に岩神山、一一〇三メートルがあるのだろう。

道路から少し奥まった兜神社は少しばかり古びて、多少荒れた感じがする。剥げ気味の朱塗りの鳥居に掛けられた、太い注連縄が雨を吸い、大きく垂れ下っていた。全てが静まりかえっていた。これが閉伊の風景なのだ、私はそう思った。

閉伊川に沿う部落で、珍らしい神祠や鳥居にいくつも巡りあった。朱塗り、流造の小祠が、古い順に朽ちながら六社も並んでいる風景に出会った。多分水に関係する神社であろう。古い祠をそのまま残し、脇にまた新しい祠を建てていくという方式。それも代々で六社もあるのを見たのは、それがはじめてだった。太い皮つきの樹幹をそのまま笠木としている素朴な鳥居にもいくつか出会った。丸太の根元側が、社に向って左側にきているものもあったし、右にきているものもあった。

常に左にくるものでもないと、自分の眼で確かめることが出来たことが嬉しかった。

図書には、根方が左にくるものと記してあったのだ。

天に向いた笠木の上部は、しっかり雨がしみこむらしく、苔が密生し、そのなかに何かの実が根づいたのだろう。何本もの若芽の直立しているのが見えた。これが岩手鳥居なのだと、私は実感した。

閉伊川に沿って下る。

雨雲のかかる山際に、藁葺屋根の曲家が見えてくる。風景のなかに溶けこんでいる、そのロー・インパクトの家のあり様に感激する。美しさを感じてもいる。住む人の気持などおしはかったところで、とてものこと、それは理解の他だ。私は単純至極に、その風景を好もしく思っている。そんなとき、私はつくづく山女魚釣りでよかったと思うのだ。旅人の幸せを感じるのだ。旅人として、山女魚の里の風景、その全てを瞼の奥に焼きつけたかった。

古い岩手鳥居の脇に電信柱があった。コンクリート製もあり、木製のものもあった。きっと木柱が古くなり、使用に耐えなくなったら、コンクリート製に取り換えるのだ。

電柱が邪魔だった。

電気がなければ何も生活出来ないくせに、いつも電柱を邪魔にしている。嫌っている。

自分の心の身勝手さに苦笑してしまう。電線が地下に埋設されたら、どんなにか風景が見映えのいいものになるだろうに。都会に暮らす私はまずそう考える。

都市の美観に関して言えば、こと歩道に関する限り、ちょっとしたことで面目を一新出来そうに思える。電柱と看板とを撤去し、街路樹と屋敷林を増やし、歩道の周囲を清潔に保つ方策をたてればいいのだ。

安全で快適な街づくりは、言うまでもなく社会の、そして国家の義務だ。それは根本的な義務なのだ。私たちは人として、快適にして、美しい環境に生きる必要がある。そのためには、消火活動の妨げをし、歩行と美観に悪影響を及ぼす電柱を撤去し、電線を地下に埋設することに不賛成なわけがない。いや大賛成だ。

しかし、それはよく分っているのだけれど、私の岩手には電柱の風景が捨て難い、と思う。

ノルタルジーなのだ。それもよく分っている。

雀がずらりと並んでいる電線、春の風を受けて唸り声をあげている電線、初夏の雨あがり、燕が潜り抜けていく電線、「死せる恋人に捧げる悲歌」のポスターが貼られている雪の日の電柱、馬跳びの鬼が背をもたせかけている電柱……。

自然の末端と、文明の末端が結びついている小さな場所。それが道脇の電柱であり、電線であった。

その線を通って電気が流れる。あれこれ想像すると、やはり電柱が見えている方がいいと思える場所もある。山女魚の里だ。

多分電気は化けものなのだ。すべての電線が地下に埋設されたとしよう。私たちの目にそれが触れなくなってしまう。その化けものの息遣いをまるで知ることなく暮らすことになる。電気がどこから来るのか無関心になる。水力発電で川が死んだことにも胸が痛まないまま暮らすことになる。それも納得出来ない。

雨の日も雪の日も電柱が立っていて、ただ黙々と電線を支えている。山中からおりてきて、畑地が現れ、やがて木製の電柱を見たときの、あのほっとする気分。やはり電柱が見えている場所も欲しい。身勝手にも私はそう思ってしまう。

とはいえ、岩手鳥居の脇の、コンクリート製の電柱は嫌だ。コンクリート製よりずっと手間も金もかかるかもしれないが、木の電柱でなければならない。なにしろ、それは地下に埋設したのと同じだけの美しさをもっていなければならないのだ。円高差益と原油値さがり益で得られた相当の額を家庭や産業界に還元すると言う。これを都市の美観と、山女魚里の美観のために使えないものだろうか。私はそう考えてしまう。

交通量の激しい、そしてアメニティーからほど遠い都市の電線を地下に埋め、山女魚里の電柱をもう一度木に戻し、車道から離した美しいレイアウトで並べ直すことに、それを使えないものだろうか。

古樹を笠木にした、小さな鳥居の横に木の電信柱。雀が並び、風が唄う。ノスタルジーの極致かもしれない。しかし、アメニティーは、都会にも、山女魚里にも求められるべきものであり、都市のアメニティーと、山女魚里のアメニティーはおのずから違うものであるべきなのだ。電線の見えない都市の美観と、道から外れた場所に整理されて並ぶ山女魚里の木製電柱は、その地に合った快適感を、住む人にも旅する人にも与えてくれるのではないかと、私は思うのだが……。

美しい電信柱、それが私は欲しい。江繋のあの瓦屋根の部落に、馬頭観音、庚申塚が叢のなかに顔を出した部落に、細い山道を登ると岩手鳥居とその奥の小祠が見える部落に、美しい電信柱が欲しいと私は思った。木製の簡素なデザインの電柱がいい。犬が走り寄っていく電柱、雀が集まり、雨あがりの西日を受けてきらめいている電線、その下で私は山女魚を釣りたい。

薬師川の釣りのあと、私たちは刈屋川を覗き、それから閉伊川本流、袰岩《ほろ》に戻った。袰とは妙な文字だが、このあたりではしばしば目にする。腹帯と茂市の間には袰屋、袰地など。刈屋川にも袰帯があり、岩泉町には袰野がある。音だけで考えれば、北海道と、それは同じだ。札幌、美幌、野幌、羽幌、幌加内、幌延……。ちょっと考えただけで、ホロのつく地名がすぐにいくつか浮かんでくる。

この北海道の幌と、陸中の袰とは同じ音なのだ。『岩手の古地名物語』のなかには、この襞は「アイヌ語の〈ポロ〉（大きい）を考えさせる」とある。地名は難解なので安易なせんさくは私には出来ない。もしホロが大きいで、岩についてはそのまま受け入れてよい、という都合よさを気にしなければ、その地の名前は大岩を表すことになり、これは確かに地形にマッチしていた。

川が大きく曲って、まるで突きだされた握り拳のような形、襞岩はそんなところだった。

国道も鉄道も、トンネルを穿って、拳の根元、手首のあたりを貫通していた。旧道は拳のなか、指の付け根のあたりを巻いて走っている。

そんな襞岩と同じような地形が、その下流に、西家、三つ石と続いている。

国道から離れる、この小さな川の岬は静かでいい。釣り人の姿も少なそうだ。

思ったより襞岩には人家があった。古い農家も残っている。ひっそりとしていた。

国道から別れ、旧道に入ってすぐ、道は分岐になっていた。標高一五二・九メートルの水準点があった。

鉄道の高い橋を見上げながら、川におりた。

もう午後というより、夕方といった方がいい時刻になっていた。

入ってすぐ、最初の石まわりで山女魚が出た。これはいい。一日の終りを、この大場所で釣りする気分は最高だ。そう考えたのだが、山女魚はそれきり、後が続かなかった。

少し遡ると、もう甍岩そのもの、握り拳の折り曲げた指の中央先端、つまり中指の第二関節の突起部分に出てしまった。

足場のいい岩場だった。川幅は狭まり、流れは早まり、白泡を長く引いた深瀬となっていた。山女魚が居付くに十分のポイントだった。重なる石が透けて見えた。いたるところから山女魚が浮きでてきそうに思えた。

みるみる心のなかが溶けていくのを感じた。

毛鈎を投げた。手はじめに近場の石陰に。すぐにあたりがあった。石斑魚《うぐい》だった。それからというもの、投げるとあたり、合わせると石斑魚。その連続。白泡のなか、急流の全くの中心に投げても、出てくるのは石斑魚だった。

それでも私はなおしばらく頑張っていたのだが、ついに堪えきれなくなって、その岩場を後にした。雨に濡れた岩肌は黒耀石のように光っていた。

村道を継ぐ高い橋の上を潜り抜け、中州に渡った。対岸の縁に絶好のポイントがあった。

しかし毛鈎をくわえたのは、やはり石斑魚だった。水温は確かに低くはない。しかし、これだけの好ポイントだ。山女魚が出てこない、その理由が分らなかった。

これ以上釣りを続けて、今日一日の思い出を傷つけたくない。罵りの言葉を川に残して、夕暮れを迎えたくない。リールに投射糸を巻きとり、毛鈎を先端鈎素から切り離した。

橋のすぐ下流で、帰り道を探した。背の低い石垣があり、その先に数本の桐の木と、民家の母屋裏手が見えた。

籾殻を焼く内庭を通してもらい、農道に出た。刈り入れ前の畑中の道だった。

この褎岩の握り拳のなかで、農業だけして暮らしているのだろうか。旧道分岐に戻った。

案内者、加賀屋憲一氏の姿はまだ見えなかった。雨のなかで帰りを待った。婚約者の相川万里さんが戻ってきた。桐の木の下で私たちは車の鍵の持ち主が帰ってくるのを待ち続けた。大きな葉が、雨を遮ってくれた。

またしばらく時が過った。婚約者は畑中を歩いて迎えにいく様子だった。

私は栗の木の下までゆっくり足を運び、路肩に落ちている毬を靴先でつついたりして、時間をつぶした。婚約者はひとりで帰ってきた。姿をみつけることが出来なかったようだ。

閉伊川沿いは桐の木の多いところだ。どこを歩いても、この木に出会った。きっとその家の跡継ぎたちと一緒に成長してきたものに違いない。そして跡継ぎたちは今、桐の木を切る必要を感じなくなったのだ。

桐の木の下から見える、一番手前の家には、まだ明かりが点らない。もう夜の気配がしのびよってきているのに……。誰もいないのだろうか。

私は村道の片側を固めている石垣に背をもたせかけて、案内人の帰りを待った。桐の木の奥に、コンクリートの電柱が見えた。

やはり、木の柱の方が似合いなのに……。私はそう考えていた。ふいに家の窓に明かりが点った。私は心から、ほっとした。

栗の木の葉先が垂れている、暗い旧道の先から、待ち人が現れた。

「いっとき、すごかったですよね」と彼は言った。私は彼の婚約者と顔を見合わせた。その表情には、先程までの心配げな影はもう見えなかった。

混合林、雑木林、そして雑からの文化
——鼠ヶ関川［山形県］

鼠《ねず》ヶ関《せき》川下流域、背の高い葦の間を細く川が流れ、遅い午後の陽光が、その水面全体を照らしていた。西から東へ流れる長い葦間を過ぎて、平沢という小さな部落を抜けると、川は少し蛇行し、それほど酷しくはない岩盤帯になる。

あたりの空気には、まだ盛りの夏が籠っていた。脱いだ麻のズボンを畳むと、汗の湿り気が両の手にからみついた。道際の草の上で裸足になった。そして思い出した。

道すがら出会った、あの〝どもこ頭巾〟の女たち。黒布、目だけを残し、頭も顔もすっぽり覆った、全くの覆面頭巾。それはしっかりと身について、もう皮膚の一部のよう。美しく見えた。その姿を思い出したのだ。

不注意をしてはいけない。虫に用心しなければいけない。恙虫《つつがむし》の文字が頭に浮かんだ。

乱雑に小石が敷かれている路上に出て、釣り支度を整えた。

どもこ頭巾、これは江戸時代にしきりと愛用された、おびただしい数の頭巾のひとつ、「ともこも」の名残りだと言う。菅江真澄から、守屋盤村氏そして山崎光子氏まで、この頭巾に深い興味を覚え、研究した人は少なくない。確かにその姿は少なからず好奇心をかきたてる。山崎光子氏の研究のなかに、

「明和八年の江戸名物鑑（一七七二）に『ふく面頭巾出たり、ともこもは若き者の着へきにあらぬを侵して用ふる故、ともかうもあれと云意をもて呼なり』とあり……」と出てくる。今でもこの頭巾が見られるのは、新潟県北部から秋田にかけて、日本海北の土地、山女魚の国だ。

水は見た目より深く、そして早く流れていた。明るい川なのに、心を妙に沈ませる、居心地の悪さがあった。

九月十三日。新潟を出て、荒川、三面川の河口を越え、あの大好きな地名、笹川流《ながれ》を更に北に上がって、山形県に入ったのだった。

海沿いにあった墓地のなかで休みながら、私は濃紺色の水平線を見ていた。

この道はやはり逆にとる方がいいな、と思った。温海を出て南へ下りながら、「酒田の余波日を重ねて、北陸道の雲に望み、遙々のおもひ胸をいたましめて、加賀の府まで百卅里と聞く。鼠の関をこゆれば、越後の地に歩行を改めて……」と風に吹かれ

て、多少なりと歩いたなら、全くのところ胸に迫るものが更に大きくなったに違いない。私はそう考えていた。

山女魚は姿を見せなかった。ほんの少し前、流れのなかを人が歩いた感じだった。私も歩いた。時折り、水中を走る魚の姿が見えたが、それが山女魚でないことは確かだった。

山地を覆う広葉樹の深さが見事だった。全ての樹の背の高さが揃っている。そう感じた。この山地の混合樹林は少しばかり密度が過ぎる。そうも思った。私の皮膚が威圧感を覚えていた。都会に住む私としては、山の樹はもう少し疎な方が、気が休まるのだが……。

緑というのは不思議なものだ。なければないで荒廃を感じさせるし、あればあったで、猥雑感を覚えさせる。いつも思うことだが、森を美しいと感じる状態は、各種の樹木が穏やかに混じりあい、疎に過ぎず密に過ぎない姿になったときだ。原生の森、極相の森は息苦しい。外から見ても、なかに入っても……。

私はそう感じている。

都会に住む私としては、やはり緑への憧れ心を強くもっている。しかしその〝緑〟のイメージは、ひどく脆弱なものであることに気付いてもいる。本当の森、本当の自然、本当の緑を欲しているわけでは決してない。

原生林などに出会ったら、きっとそこから逃げだすか、憎むか、なきものにしようとするか、そんな態度をとるに違いない。

勿論、今は原生林に出会う機会など、めったにはない。照葉樹林にしても、山毛欅林にしても、決して単独の樹種だけでは成り立っていない。森は多くの樹種の集合体だ。動物の世界に極相がないのと同じこと。長い目で見たら、植物の世界にも極相はないと思う。しかし人の手の入らない森への憧れ心をもつ人は少なくないらしい。森を守ろうとする運動は盛んだ。

私としては、森はもっともっとやさしい方が嬉しい。純林にならず、混合林になってくれることの方が望ましい。それが正直な気持だ。

勿論、世界のあちこちに原生林があることは望ましい。そこは人の手の届かない土地でいいと思う。探検されずに残され、人々に畏怖されている土地があっていい。それをどれほど多く残せるかが人の英知の見せどころだとも思う。言うまでもなく、森を残そうとすれば、人は多くの不便を覚悟しなければならない。それに不満を言うことは許されないことだ。

その一方、人が活用し、また活用するために残してきた森がある。経済的に、公益的にそれを使役してきたのだ。多くは、雑木の森、雑木の山だ。部落に隣接した裏の山。見なれた森。夏は多少涼しく、冬はほんのりと暖かい。針葉樹と広葉樹が混じりあっている。太い木もあれば、細い木もある。役に立つ木もあれば、役に立たない木もある。そういう木が集まって出来ている森。それも必要なのだと私は思う。触れることの出来る森、やさしい森。私が心を休ませることの出来る森。山女魚の森。それが好きなのだ。

鼠ヶ関川を囲む森は、決して天然の森、原生の森ではない。かといって、人の手で搾取されつくした森というわけでもない。

ごく自然に、人と樹とが合体している感じ。それが鼠ヶ関の森だと私は考えた。そんな森を私は今まで見たことがなかった。川に立ったとき受けた、どこか奇妙な、異質な感じ。それが山から伝わってくるものだと、私ははじめて気がついた。

森にはさまざまな樹があるらしかった。葉の色の微妙な変化でそれが分るのだ。しかしその樹の種類を確めにいく道がない。この川筋一帯には、森のなか、山のなかへ入っていく道がない。いわゆる林道というものがない。部落と部落を継ぐ主要路があるだけ、あとは沢沿いに少しの道。それだけだ。大規模、中規模を問わず、抜け道としての林道がない。

四輪駆動車の活躍する場がない。

多分それが、鼠ヶ関の山を守っているのだ。私は目だけであいさつした。都会の男がそこを通ったという痕跡を残したくない。私はそう考えていた。

その日夕暮れ、冷えびえとした海を右手に見ながら府屋を抜け、勝木の町へ辿りついた。

羽越本線勝木駅前、善助旅館。その日の宿だった。町は祭りだった。宿の隣室に大男たちが陣取り、酒宴を張っていた。

毎年九月十五日、筥堅《はこがた》八幡宮の祭りには、秋田、山形、新潟の三県対抗相撲大会が奉納される。それに出場する、新潟の選手たちだった。夜半、激しい雷雨になった。

翌朝早く、私は八幡宮へ出掛けていった。多少の風。快晴だった。勝木の駅に人影はなかった。朝の光は、まだ十分夏の名残りをとどめていた。

駅前を過ぎ、線路の下を潜り抜ける、小さな隧道を通って、私はそのまま、海に面した八幡宮の社叢のなかに入っていった。

さすがに祭りの日だ。すでに大勢の香具師が集まり、夜の賑わいを予感させるに十分な数の出店、その地割りをしていた。

それにしても見事な杜だった。そして不思議な地形だった。

町の南側を流れる勝木川が日本海に流れこむ、その右岸ぎりぎりの地点が、楕円型の小山になっている。波打際は断崖。この小山の頂上の海抜は何と七二メートルもある。この楕円の山が全て筥堅八幡宮社叢となっているのだ。昭和三年、この杜は、国の天然記念物に指定された。当然のことだと思う。

今から一〇五〇年も昔、福岡の筥崎宮の分霊をこの筥堅山に迎えて、八幡宮が創設されたのだと言う。この神の山は、それ以前からすでに手厚く保護されてきたに違いない。社叢内に密生する樹木はいずれも巨木に育ちあがっている。杉の樹齢は五〇〇年に達するものとのこと。椎もまた見事だった。科《しな》の木の近くに聳えたつ木の名が分らなかった。高さ十七、八メートル。

いや二十メートルを越えているかもしれない。忙しげに働く人たちに次々に声をかけ、やっとそれが、あさだという名前だと教えられた。あさだ。どんな字を書くのだろう。

見上げると、針葉樹、常緑高木の多い、濃緑の樹冠のなかに、このあさだの、まるで透き通ったような淡い緑葉がゆらめいている。

広葉樹が神々しく見えることがあるのだ。

巨樹は全て海に向っていた。いや、そんなふうに見えた。きっと沖合いを通る船からは、よい目印になっていることだろう。いかにも神の棲む地と、それは見えたに違いない。

勿論この社叢は原生林ではない。人の手が生みだし、育ててきたものだ。にもかかわらず、天然自然の神聖さを感じさせる。それが何とも感動的なのだ。

朝の杜のなかで、蟬が無心に鳴いていた。

その日、私はまた鼠ヶ関川に戻った。下流、葦の間は直射日光にさらされていた。やはり昨日と同じ、平沢部落の上を釣ることになった。谷筋、その上の平地。どこを歩いても、この日中、釣りになる気配はなかった。

もう人家の影はなく、いかにも山女魚の川として目にはさわやかだったが、なにしろシーズン最後の週末。釣り人の匂いが岸辺のいたるところに残っていた。福島の船引から来ていた友人が、小国川へ行ってみましょうか、と、誘ってくれた。私は躊躇なく、鼠ヶ関川に見切りをつけた。

私たちは鼠ヶ関川右岸を登りつめ、関川の部落に出た。関川は科布を今も織り続けているところ。大都会暮らしの釣り人にも、その名は知られている。部落のなかで川は、もはや釣り場としての生命を終えていた。

魔耶山の裾地、僅かな開き、その緩やかな斜面に集まった人家。部落は大きくもなく、小さくもなく、学校、寺、神社全てが整い、晩夏の昼下り、微風のなかで静まりかえっていた。

坂道の途中で私は、この部落の匂いにしばし浸った。頭のなかに科の木の絵があれこれ浮かんだ。

青森、山形、新潟、長野……。山中で科の木に出会うのが私は好きだった。葉の輝きが気に入っていた。

箱根裏街道、宮城野から仙石原へ抜ける山道途中に「品ノ木」という地名があることを知ったのは、十九歳の夏のことだ。この名を美しいと思った。そのときから、私は科の木ファンになったのだった。

科の木は実用の樹。混合樹林のどこででも目にすることが出来る木だ。

宇都宮貞子氏の『植物と民俗』のなかに、「皇徳記の大化改新の詔に〈外に戸別の調を収れ。一戸に貲《さよみ》の布一丈二尺とせよ〉とあるが、さよみはシナの繊維で織った布で、後世は麻布の名となったという。シナ皮のごわごわと粗い布だったろう」という一節がある。

古くから使われてきた天然繊維、それが科の木の皮布だ。東北で呼ばれる、この木の名前は〝マダ〟。どんな文字を当てるのだろうか。マンダ、モワァダ、モワダ、いろいろの呼び名があるらしい。

このマダの正式名称は、大葉菩提樹なのだと言う人もある。『巨樹の民俗学』の牧野和春氏は、尾花沢にあるマダの木を紹介して、「正式名称は『オオバボダイジュ』で、シナノキ科の植物。関東以北では山野に自生する。また大木となる傾向もある」と言う。

図鑑を見れば、科の木と大葉菩提樹の違いは何となく理解出来るのだが、実際には分りにくい。葉の丸みと大きさに注目する。

宇都宮貞子氏の『植物と民俗』にも、その違いが出てくる。「シナにはコバとオオバとあるが、小葉シナの方が皮はたんと採れる。雪で根元が曲ってるが、その曲がった中側がたんと採れる」と話す鬼無里の人の言葉を紹介したあと、「大葉シナはオオバボダイジュ、小葉シナはシナノキである」というのだ。

何となく科の木がマダだという感じがする。「マダは大葉菩提樹」という説と違ってきてしまう。マダは大葉なのか、小葉なのか。それにしても、科の木と大葉菩提樹。どうしてこんなに違う名前になってしまったのだろうか。

それに、ただの菩提樹の木が加わると、話は一層複雑になる。

『老樹の青春』で、荒垣秀雄氏はこう言う。「ボダイジュ（菩提樹）はどういうわけか日本にはその並木がない。ヨーロッパ、ことに北欧の都市ストックホルムやオスロ、コペンハーゲン市などではボダイジュがマロニエと並んで主役といってよい。ベルリン市のリンデン並木は以前から有名だし、シューベルト作曲『冬の旅』の一節 Der Lindenbaum で『泉のほとりに繁る菩提樹』と歌われるおなじみの文句はこの木だ。

日本人は菩提樹というとお釈迦様がこの木の下で悟りをひらいたというインドの聖樹（沙羅双樹と菩提樹）のボダイジュと思いがちだが、インドのいわゆる天竺《てんじく》ボダイジュは桑科の常緑樹だ。ここでいうボダイジュは落葉樹で和名はシナノキである。北海道には多く、葉心円形で香り高いこの花が蜜蜂の蜜源になっており、夏は蜜蜂のキャラバンがこの木の多い十勝、日高の林野に集まる」と言う。

科の木だと言う。

ついでにもうひとつ、西口親雄氏の『森林への招待』に目を通す。

科の木を説明して、西口親雄氏は「葉はハート型。五～六月に白い花を咲かせる。よい香りがあり、貴重な蜜源植物である。北海道に多い」と言い、菩提樹について「シューベルトの曲で有名な『泉にそいて茂るボダイジュ』というのは、植物学的にはセイヨウシナノキと呼ばれ、ヨーロッパの街路樹として、もっともふつうにみられる。ベルリンのリンデン・バウムの通りは有名である。実はこれはフユボダイジュとナツボダイジュの雑種と考えられている。釈迦がその木の下で悟りを開いたということでよく知られている『菩提樹』は、シナノキとは別の、クワ科のインドボダイジュであるという。二つの異種の樹木にボダイジュという和名をつけてしまったために、一般の樹木愛好家を混乱させる原因となっている」

いろいろ出てきたが、結局何も分らない。

私のヴェストの背中のポケットに入っている数珠に思いをやった。菩提樹の核果で作られたものと説明された。数珠用の菩提樹は、念珠菩提樹という木であり、これは、ほるとの木という奇妙な名前の木の一種だと、上原敬二著の『樹木ガイド・ブック』で読んだことがある。ほるとの木の由来も興味あるところなのだが、意識が果てしなく飛躍していってしまいそう。もう元に戻ろう。

私の数珠は菩提樹製ではない。つまり科の木とは別種なのだが、全く似ていないわけでもない。ともあれ、それを背にして念珠が関川を歩くのは、少しばかり心楽しい洒落ではあった。念珠が関の文字は、鼠ヶ関より美しい。私は念珠が関を歩く、芭蕉の姿を脳裏に思い浮かべていた。もしかしたら、科の木が多かった故の念珠の文字か……と、また空想があらぬ方向へ飛んでいく。いや、実はそれが旅の楽しさなのだ。

思索と呼ぶには程遠い雑念を、心のおもむくままに遊ばせてやる。その心の解放こそ、旅の一番の贅沢というものだ。

多分、マダは科の木だ。瞬間、そう思い、次にはすぐ、いや大葉菩提樹だと思った。そしてまた、柳田国男の『山の人生』にも、マダの樹皮を剥ぐ大男の話が出てくるのを思い出した。岩手県閉伊郡、六角牛での話だった。〝マダ〟と記されていた。科の木布は、あちらこちらで織られていたに違いない。

道路の周囲を見廻したが、すぐには科の木も大葉菩提樹もみつけだせなかった。しかし山には間違いなくそれがあるのだ。

六角牛にしても、関川にしてもそうだが、科の木が山毛欅に混交する山が身近にある生活は、きっと心地よいものであるに違いない。

山毛欅の純林は、いかにも岩魚の王国という感じが強いが、科の木がそれに混じると、何となく山女魚の里という感じがしてくる。

気持の問題だろうか。関川は、岩魚より、山女魚が似合いだ。私はそう考えていた。

次の機会に、マダの正体をしっかり確かめよう。そう思いつつ、関川峠を越えた。

快適な下り道で、私はまた思いを、今朝目にした勝木、筥堅八幡宮社杜に馳せていた。科の木が踊っていた。

葉の表裏、緑色の明暗の差の激しさが、そう見せるのだと私は思った。心《ハート》形の丸葉。灰味を帯びた濃緑が上面。下面は極端に淡い、抹茶の緑。桂の葉の表裏に似ているが、それよりはずっと瑞々しい。この葉が風に揺れる。

瞬間、上面が一斉に反転して、下面が表に現れる。まるで別の木がそこにあったかと思うほどに変身する。そして次の風で、また下面から上面へ。目が離せない。心のなかが空っぽになっている。樹を見る楽しさをしみじみ感じたものだった。

流れが現れ、それを追いかけて道が北へ延び、下っていく。畑地が広がり、そこが木野俣。小国川、奥の部落だった。

今、下ってきた流れと、東の山側からやってきた木野俣川が合流して、水量を少し増したあたり、村のなかを貫通する旧道とは別にとりつけられたバイパスの脇から、畑地の畔を下って川におりた。

上流へ向うより先に、すぐの下流に気持よさそうな、小さな淵をみつけた。迷ったが、五、六歩下って、そこへ毛鈎を投げこんだ。

左岸の丸石の上に立ったまま、繊細さに欠けるぞ、と私は自分を叱った。

いつもの石蚕毛鈎が青い水の上を滑った。

何の面倒もなく、山女魚がその毛鈎をくわえた。やっと掌いっぱいの大きさだった。

水のなかで鈎を外すと、山女魚はまた同じ場所に帰っていった。

上流に橋があった。それより先は、水面に真っ向から陽が当り、しかも浅瀬が続いて、とても釣りになりそうになかった。下流へ移動した。先程の淵より、更に下流に下ったが、どうにも居心地が悪く、しばらく立ち止まり、考えこみ、やっぱり、この場所は諦めることにした。

船引の友は、ずっと下流に入っていた。そこまで右岸につけられた道を歩いていった。

川は大きく屈曲していた。その岸近くに友人の車があった。彼の姿は見えなかった。更に下流に長葉河柳が立ち並ぶ中州があった。そこまで下って、対岸を釣りのぼることにした。船引の友人がすでに毛鈎を流したかもしれない。しかしそれは別に問題ではなかった。風が冷たく感じられた。また雷雨が来るのだろうか。

私は広々とした河原を歩きながら、時折り、榛《はん》の木の枝が水面に垂れ下がっている、その陰をみつけては毛鈎を投げた。浅瀬のなかに、少しばかりの沈み石があり、そこだけ流れが緩やかになっていたからだ。底近くに山女魚が潜んでいそうに見えた。水面を毛鈎が滑った。反応はなかった。

浮かない気分を、あたりの景色が慰めてくれた。川筋を占める、広葉樹と針葉樹の混合林は、ただ存在しているだけで十分価値がある。例え経済の役には立たないとしても……。そう思った。なにしろ、私の心を慰めてくれたのだから。

九州で見かけた照葉樹林、青森で出会った山毛欅の森。どちらもそうだったが、純林という存在は意外に居心地のいいものではない。

暗く、冷たく、淋しい。そのなかでは、私は自分の心を解放し、慰めることが出来なかった。

それらの森が嫌いというわけでは決してない。山毛欅はいい。八甲田山、八幡平、奥只見。山毛欅のある風景はどこも好きだった。東京にも山毛欅の森がある。多摩の奥、三頭山だ。

それらの景色をひとつひとつ思い出して気付くことがある。それは山毛欅の森がもっている気品だ。山毛欅の山は高貴な感じがする。

犯し難いものがある。同時に、近寄り難い感じも受ける。身近な森、という感じではない。混合林、雑木の林とはそこが違う。

どう見ても、雑木の林には高貴さなどない。

しかし何とも言えない暖かみがある。その魅力は捨て難い。高貴さはないが、それなりの美がある。柔らかく、心を休めてくれる平凡な美だ。

そこに美を見たり、暖かみを感じたりするのは、私がそれに親しんだ時間が長かったからだけのこと。少年時代に目にしていたからに過ぎない。それはよく分っているのだ。しかしこうも言える。なればこそ、私の心の風景、心の森なのだと。

混合林、雑木林は原生の森ではない。いつの時代にか、人の手が加えられ、出来あがったものだ。森としての価値は、原生林より低いかもしれない。しかし森は森だ。天然自然ではないにしても、緑の世界ではある。大事なものであることに変りはないと思う。

広葉樹、針葉樹混交の森。その森が私に沢山の宝物を恵んでくれた。

胡桃、団栗、松毬、桜樹脂、松樹脂、甲虫、鍬形虫、木葉木菟《このはずく》、沢蟹、木通の実、そして山女魚。森に満ちていたのは光であり、匂いであり、音であり、温もりだった。

照葉樹にせよ、山毛欅にせよ、純林あるいは極相林と呼ばれるような原生の森のなかには、畏れだけがあった。いつも私は息苦しさを覚えるのだ。そこにも川があり、山女魚と岩魚がいると分っていても駄目なのだ。

どうしても長い時間、そのなかにとどまることが出来ない。森の外へと逃れたくなってしまう。純の密度に馴れていないのだ。

少年の日、鬼胡桃の大木、沢に向って張りだした枝の上に腰かけ、周囲の風景を見ながら、午後を過すのが私は好きだった。

頭上を見上げる。長柄の先にいくに従って、小さくなる互生の葉の、透き通った幾何学的な模様の不思議さに、私は魂を奪われてしまう。ただ見とれてしまうのだ。

足元の遙か下に、寺の庭の百日紅《さるすべり》が見える。艶やかな幹の足元を、池から流れでた細流が走り、沢蟹が這っている。墓地の上の、椋《むく》の木、風に揺れて青葉が動くと、小さな木葉木菟の、じっと動かない姿が見えてくる。

私はそんな風景のなかで育ったのだ。

森には名前の分らない木々が混生していた。

木々は夏の涼しさを生み、少年の夢を育んでくれた。一日中、そのなかに居ることも不可能ではなかった。あの森の心地よさが私は忘れられない。

私は宮崎を旅しても、青森を旅しても、そうした森を求めている。名だたる純林よりもそれの方が好きなのだ。そして宮崎にも青森にも、私の求める森は間違いなくあった。混合樹林があったのだ。

最近しばしば、照葉樹林文化とか、山毛欅帯文化とかいう言葉を耳にする。それぞれが弥生文化と、縄文文化を生みだす風土だったとして、その重要性を喧伝されるようになったのだ。文化の源である、それらの純林を守ろう、保護しようとする動きも盛んだ。自然保護運動イコール原生林保護運動のような観がある。純のもつ魅力というものがある。雑でないことの美しさは、誰の目にも分りやすい。

それを守りたくなる気持はきっと誰の胸にも湧きあがってくるものなのだ。

しかし文化は、純のなかからだけ育つものでもない。雑の美は捨て難く、雑の文化も貴重なものだ。

山毛欅の純林、楠と樟《たぶ》の森を一等とし、保護しようと図る気持は大事だ。しかし私としては、それ以前に、もっと身近な裏山の雑木林を守ることからはじめたいのだ。胡桃や団栗の林を守ることからはじめたいと思ってしまうのだ。

小楢や栗や櫟《いちい》のあった山は、杉や檜の林に変ってしまっている。確かに雑木林、二次林、三次林としての混合樹林は、経済的価値に乏しいかもしれない。今更、薪炭を燃料とする生活は返ってこない。同じ手を加えるなら、杉や檜の方が経済効果は高いに決っている。

しかし、それが淋しいのだ。経済価値の低い雑木林が何故存在してはならないのだろうか。山女魚釣りならきっと分る。溪を上がって、あの杉林のなかを歩かねばならないときの、何とも言えない苦痛。沈んだ気分。

森のなかにいる幸福感を一瞬たりとも味わうことの出来ない淋しさ。一刻も早く通り抜けたいと考える切なさ。

山女魚も蜉蝣《かげろう》も、杉の林、檜の山に棲みつこうとしない。杉も檜も、考えてみれば純林なのだ。しかし何と心空ろな純林だろうか。

私には美しいとは思えない。例え、いかなる経済効果があろうとも。

杉、檜林の放置は、山が荒れ、村が過疎になり、森が亡びると言う。それを自然の破壊だと言う。しかし、そうした意見の多くは、人工の、植林された、経済優先針葉樹林だけを対象にして、山とか、自然とか、言っているように思える。自然が危ないのではなく、不自然の地が危ないのだ。

勿論、杉や檜の森がいけない、と言っているのではない。人の手の届く範囲で、そうした樹林と、身近な落葉広葉樹が混交する山こそ、美しく、存在する価値があるのではないかと、私は考えるのだ。山毛欅の純林も勿論守りたい。ただそれより以前に、そうした裏山を守りたいと思うのだ。山女魚の川、山女魚の里を守りたいと思うのだ。

森には、経済的機能以上に、公益的機能がある。それは言うまでもない。水源地を涵養し、山崩れ、洪水を防ぎ、空気を浄化し、騒音を防ぎ、野生動物を棲息させ、山女魚を育て、釣り人の心に平穏をもたらす。

檜ではなく、栗の木を材料にして作られた家に住みたいと、人が考えたとき、きっと二次林、三次林の雑木林が大事になってくる。山女魚の顔をいつも見ていたいと、人が思うようになったとき、混合林が本当の価値をもってくる。雑木の森が保全されて、はじめて原生の森が生きるのだ。

雑木林をまず守り、育てる気運がなくては、遠く遙かな天然林、原生林を守る気運など盛りあがるはずもない。

広い河原を渡り歩いて、ふと振り返ると、船引の友は、車の脇で、茶の仕度をしていた。

私は躊躇うことなく、投射糸をリールに巻きこんだ。

小国の部落近く、流れと道は接近したが、そこから見る川は、長いコンクリート壁で護岸されていた。淋しい光景だった。

もう山女魚を見たいという気持はすっかり消えていた。それよりまた海岸に出て、鼠ヶ関への国道を歩き、勝木の筥堅八幡宮の森を再度見たいと思った。

もう一度、あの活力に満ちた巨樹を見上げ、陶然とし、畏れを感じ、聖なる気分に浸りたいと思った。

それから間もなく、私の思いのひとつは充たされることになった。私は芭蕉と同じ道を、同じ方向へ少し歩くことが出来たのだ。海を右に、混合の森を左に見て……。

山女魚には木造民家がよく似合う

——黒谷川［福島県］

倉谷部落の手前、橋脇から倉谷川の流れにおり、石の間をころげるように駆け下って、黒谷《くろたに》川に入った。途中で一度、不安定な丸石を跳んだとき、誤って、擬投《フォルス・キャスト》の毛鈎を、岸の蕗の葉陰の石際に落してしまった。同時に、小さな岩魚が飛びだしてきた。

毛鈎に唇を縫われたその岩魚は、竿の震動をまともに受けて、空中に撥ねあげられ、白い腹を光らせながら、流れの上を大きく移動した。

九月。まだ陽の高い時刻だった。

黒谷川に入り、すぐ上流、下流を眺めた。

下流は、砂の堆積のせいで、流心が左岸寄りに集まり、いかにも好場所となっていた。

水深はよく分らないのだが、多分それほどの深さではないだろう。誘惑に勝てず、下流投射《ダウンストリーム・キャスト》で流れに毛鈎を乗せ、流心に送りこんでいった。

表面が真っ平な、まるで卓子のような大石が見えた。その奥の側を、毛鈎は流れていった。黒い棒切れのようなものが、毛鈎の下を同じ速度で流れていった。ぽこりと毛鈎が突きあげられた。小さな飛沫が上がり、先糸《リーダー》が鋭く光った。岩魚だった。黒谷川に来たのだ。もう否も応もなく、岩魚に対手をしてもらうしかなかった。私は右岸の、赤い色をした石の間を歩きはじめた。

同行の若い友人が左岸を登った。彼の頭上に広がる山毛欅の森に、秋の気配がかすかに漂っていた。

「釣橋の阿弥陀橋で黒谷川を右岸に渡ると、丸木作りの火の見のある阿弥陀堂の部落に入る。黒谷川の流れはゆるく、うっすらと川霧がはい川柳が夢のように揺曳していた。不動堂の部落を過ぎ、橋の流失した倉谷川を渡ると、黒谷川最北の村倉谷である。此処からは最近作られた幅四メートルの立派な村道が右岸に開かれており、山毛欅の大樹が亭々と空を覆い……」

『会津の山々・尾瀬』に書いた、小滝清次郎氏の文章が懐かしく思い出される。

伊南川支流、黒谷川の部落は四つ。下から白沢、阿弥陀堂、不動堂、倉谷。いかにも会津の山、会津の川に似合いの地名だ。旅人の胸はそれだけで十分暖かくなっているのだが、道脇の家を目にするに及んで、その胸は更に更に暖かなものになってくる。茅葺き中門造り。いや今はさすがに全部が茅葺きではない。屋根の形はそのままに、茅を青色の亜鉛鍍金薄鉄板に変えた家もある。

ただそれが部落全体の雰囲気を壊しているという感じは受けない。中門造りが守られているせいだ。

飛驒庄川沿いの合掌造りと並んで、この中門造りも豪雪を配慮しての家構えだ。実際に雪に埋もれた生活の酷しさは、言葉では言い表せないものがあるに違いない。その静かなたたずまいを見るともなく見ていると、それが雪に埋った風景が目前に浮かんでくる。

中門造りは、一見曲家風に見える。鍵の手は逆L字型が多いように見えるが、正L字型も土地によってはあるらしい。立地条件の差なのだろうか。

曲家は、母屋の土間前面に馬のための畜舎を接続させた形をしている。その曲りの部分正面には出入口を設けていない。中門造りは少し違う。土間の前面に張りだした部分の正面、つまり妻側に出入口が設けられているのだ。雪に埋もれた家への出入りに、これが便利なのだろう。確かに、道路との距離は最短。

なにかにつけて便利だろうなと想像する。

入口の引戸は、鍵の手の内側方に片寄ってつけられている。妻のシンメトリーは、それで崩されている。横壁は全面板張りだった。

内部は暗かった。あの暗さのなかで、雪に閉された長い冬の日、どのようにして気持を平静に保つのだろうか。私には到底不可能なように思える。

それにしても、北の家、雪の家。厚地の壁をもっていてもよさそうなものなのに。いや、土壁であれ、丸太であれだ。柱と梁、それに割り板。それはどう考えても夏向きの家に思えるのだが……。

何故、丸太造りの家は、この豪雪の里に生まれなかったのだろうか。あれこれ、家について考えていた。

母の生家は養蚕農家で、その造りは、瓦葺きの煙出し屋根をもった、典型的な甲州民家だった。少年時代、その家で過す時間は決して短くなかった。隅から隅まで探検した。

その家を知っているせいだろう。今も私は民家への強い憧れ心をもっている。私の山女魚釣り旅は、民家を見る旅でもある。

美しさを感じさせてくれる、古い木造建築の民家に出会う楽しさは何とも言えないものがある。

とはいえ、それはあくまでも器としての、建造物。外面的な、美の問題。内面的な〝家〟に立ち入っての話ではない。それに触れるのは、私の仕事ではない。旅人の仕事ではない。

木造の家は美しい、と私は思う。いや、勿論、木造建造物は、日本だけの特許ではない。

多分、日本人も木を好み、木で家を作る人種のうちに入る、という言い方こそ正解なのだと思う。ロシア、スカンジナビアのそれは、全くもって驚異の大建築だし、カナダ、アメリカも、大都会の一部を除けば、ほとんどが木造の家だ。

西欧と日本との文化を比較するなかに、よく、その家の建築構造の違いが顔を出す。しかし旅して分ったことは、どうもそうした比較論というのは、いずれの問題にせよ、成立しにくいということだ。木の家も同じだ。

樹木のあるところには、木造の家がある。それだけのことだ。木の嫌いな人間なんて、世界の何処にも、居はしないのだ。誰だって木の家に住むことを嫌ったりはしないのだ。

問題は、その地に樹があるかどうかだ。山に樹がなかったなら、如何に木が好きだと言ってみても、木の家に住むことは出来ない。

この国の山野には、かつて豊かな樹林が存在した。その結果、木造の家は最も標準的なものとして普及し、つい最近まで、それは続いてきた。

そこまでは間違いない。そして今、新築住宅の木造率は五〇パーセントを割るところとなった。原因をあげると、いろいろ出てくると思う。しかし、樹のあるところには、木造の家があるという原則は不変だと私には思える。となれば、理由ははっきりしているのだ。

木造の家が建てられなくなったのと、山女魚が里の川から姿を消していったのとは、どうやら同じ原因に由来しているかもしれない。

山女魚は木造民家によく似合う。私はそう思う。

少し前までの人たちは、家を造るのに、木を抜きにすることなど、全く考えられなかったに違いない。各地の地理的条件に合わせて、それは完成され、美を獲得するまでになったのだ。

長い間、使われ続けてきた木の家には、それなりの生活の知恵が蓄えられてきた。民家には粗末に出来ない知恵が沢山あるのだ。

山女魚の里のあちこちで目にする民家は、そのほとんどが柱梁構造だ。もしその家に、厚い、確固たる壁があったなら……。あの、縁側に座って話しこむ、山女魚の里の心地よさは生まれないに違いない。

柱と梁の家。壁が優先されていない家。私はそれが好きだ。

しばらく前、カナダやアラスカで、ログ・キャビンと呼ばれる丸太小屋形式の木造建築をあれこれ見てきた。旅人ながら、そのなかで生活してみたこともあるし、実際の建築現場を見学したりもした。

ログ・キャビン暮らしは楽しかった。寝台と椅子、靴を履いたままの一日。ぬかるみの外から気がねなく部屋のなかに入り、コートを入口のハンガーに掛け、暖炉の薪をかきまわし、椅子に倒れこむ。背の高い窓に寄ると、湖が見えて、いつまでも暮れない夜がある。

また四方の壁を組みあげていく方式の家造りを、カナダの田舎で厭きもせず観察した。

屋根は後まわし、まず壁を作る。そして必要な部分に窓の穴をあける。なるほどと思った。

しかしそれはアラスカでの話であり、カナダの辺境での話だ。山女魚の里にその丸太造りの小屋が出来たとしても、多分私はくつろげない。泥靴のまま、部屋のなかに入り、腰高の窓辺から、渓の早い夕暮れを見ても、心地よさを味わうことは出来そう

わる。

壁に囲まれ、立ち姿のまま暮らすのは、どうしても苦手だ。裸足で床の上を歩きまわる。

横になって風の通り抜ける庭先を見ている。

囲炉裏の脇で胡座《あぐら》をかいている。そうした時間が私には必要だ。

ログ・キャビンはまず壁を作る。襲ってくる人、動物、天災。それをまず防ぐことを考えてだろうか。違うかもしれない。しかし私にはそう思える。この考えは、私にはタフに過ぎる。

壁の家。ログ・キャビンは、同じ木の家とはいえ、私には居心地のいいものとはならなかった。勿論、都会のツーバイフォーも同じことだ。壁工法は好きになれない。

中門造りの家は、雪への対策を考えた結果の完成品だ。それでも春から秋まで、風の吹き抜ける畳の部屋と縁側は開放されている。

陸封鱒の国の家屋だと思う。

「家の作りやうは、夏をむねとすべし、冬はいかなる所にも住まる、暑き比わろき住居は堪へ難きことなり」と『徒然草』にはある。吉田兼好は京都に住んだ人だ。降り続いて数メートルも積ることのある雪国の冬を経験しても、兼好法師は同じように書いただろうか。

とはいえ、如何に雪国といえども、一年中冬というわけではない。夏は結構長いのだ。

堪え難い熱暑の日々と夜々がある。熱暑と湿気の両方から、心の平安を守るための第一の方策は、視界の獲得だ。外界が見易くなければならない。壁は限りなく邪魔な存在だ。

建具を明け放ち、室内に座したまま外の風景、山川の景観に目をやる。これこそ山女魚の里の家だ。

以前、九州宮崎椎葉村、耳川上流松尾の溪で山女魚を釣ったことがあった。上松尾の、知りあいの家に寄った。大きな屋敷の、障子戸は全て明け放たれていた。遙か下方の耳川をなかに挟んで、壮大な対岸の山陵風景が眼前に展開されていた。山女魚の国の家だ、と、心から感嘆した。家中を風が吹き抜けた。

柱と梁と、長く突きでた庇。これが家だと思った。座り、横になる。骨休めの場。靴を脱ぎ、素足のまま床を踏む。その感触が忘れられない。

伝統の民家には、それぞれの土地の、暮らしの知恵が蓄積されている。伝えられたその知恵に、今の知恵を加えたい。それを改良、発展させて、山女魚の里の家としたい。それは不可能なのだろうか。

倉谷、岩魚の里。ここともやはり同じことだ。

水はねっとりとしていた。深くはない。流れ全体が平坦で、これぞ岩魚の棲み石というポイントがなかなかみつからない。水はただ涼しげに流れ続けている。思いきって岸を離れ、流れの沖目へ足を踏みだしていった。気がついてみると流れの中央まで来ている。流れは早い。やむなく毛鉤を上流へ向けて投げてみる。あっという間もなく、体の横を毛鉤が走っていく。これは単なるあてずっぽうの釣りだ。何処からか岩魚が走りでてきて、毛鉤をくわえる可能性もある。そういった感じの釣りだ。いや、釣りとは言えない。ただ機械的に投射《キャスト》しているだけ。

これはもう駄目だ。もう一度、右岸に戻った。

どうしてくれよう。流れは相変らず、変化なしだ。誰かが数時間前、歩いていったかもしれない。そんな気もしてきた。岩魚の気配は全く感じられない。

となれば、何処かで粘ってみた方がいいのかもしれない。石を探そう。決意して私は毛鉤をリールの上に引き寄せた。

岸に沿って、水中を歩いた。不思議なのだが、その岸に、まるで人が意図的に並べたような感じの石が一列に続いている。

この上を跳んで下さい、と石が話しかけてくれているようだ。対岸を見ると、そこも同じだ。乾いた石が一列に連なっている。

その上に広葉樹の、密度の高い枝葉が垂れ延びていて、石より奥の地面に足を踏みこむことを拒否している。

石を跳び、水のなかを歩いて先へ進んだ。

ポイントを探した。水面に顔を出している大振りの石。根を張り、下が抉《えぐ》れている。白泡がいっぱい。そんな場所をみつけたかった。

川幅が広がり、流れに変化が出てきた。

石が流心部に集中し、それに当った流れが二分されている場所が見えてきた。

あの石の先端に行こう。もし誰かが歩いていても、見逃している石があるかもしれない。私は決意を固め、また流れに戻った。

両手を広げ、一歩ずつ足を慎重に抜き進めて、中心へと近づいていった。辿りついた。

確かに石はあった。しかしそのどれもが小振りで、安心して岩魚が身を潜ませる場所としては、あまりに頼りない感じだった。

しかし、ともあれ石が重なっている。乾毛鉤《ドライ・フライ》を何とか流すことは出来る。

上下の石の間。

流速が大きく変る場所。そこを目掛けて毛鈎を入れた。水のなかで石が揺れたように感じた。もしかしたら魚が動いたのかもしれない。毛鈎を掌のなかに戻し、息をひとつ吹き掛けて、もう一度同じ水の上にそれを投げ入れた。音もなく、飛沫もなく、魚の姿も見えぬまま、毛鈎が動いた。細身の岩魚が毛鈎をくわえていた。

体色は強く、茶と柑子色の横腹に紫色の背紋がおりてきて、その境界が滲み、溶けていた。透明な空の、眩しい光が、その黒い目に吸いこまれていた。

腹鰭の先端、白縁の帯のすぐ上に、細い墨線が入っている。鉛筆で画いたデッサンの線を消し忘れたような、そんな頼りなげな線だった。迫力はなかったが、これが紛れもない岩魚だ。そう思った。

指の間をとろりと滑って、その岩魚は流れに帰っていった。

どことなく派手だな。私はその体側の色の組み合わせを面白いと思った。そして、伊南川を下る折り、南郷村木伏で見かけた地蔵尊の体を包んでいた大きな肩掛けの赤い色を思い出していた。地蔵の衣装と岩魚の模様色彩とが重なりあった。キッチュではあったが、美であることに変りはなかった。

木伏の薬師堂、入母屋の屋根はさすがに萱葺きから赤色のスレートに変ってしまっていたが、小さいながら風格のある堂宇だった。

堂の建立は宝永五年四月（一七〇八年）だと、南郷村教育委員会の立てた案内板にあった。本来は、薬師如来を本尊としていたはずなのに、安永二年（一七七三年）、この堂内にお神明様を祀って以来、この堂の御神体はお神明様になったのだと、由来に書かれていた。お神明様というのは、あの青森、岩手、宮城に多い土俗的信仰の神、オシラガミのこと。

この木伏のお神明様が、その西南限だと言う。

巳己供養塔と刻まれた石塔、石燈籠、それに多分、庚申信仰のものと思われる穴明き石と共に、大きな座形の地蔵が、その薬師堂の側面、道路に面して安置されていた。いかにも伊南川筋だな、と感じさせてくれる暖かな風景だった。

本堂の正面、小さな格子窓から中を覗いてみたが、真っ暗で何も見えない。しかし、なかにはきっと、桑の木に刻まれたオシラガミが、幾重にも幾重にも頭部を赤い絹や捺染のモスリンで包まれて、鎮座ましましているに違いなかった。

包頭だろうか、貫頭だろうか。包まれているその首は、桑の木に刻まれた馬頭の女神なのだろうか。

地蔵尊は、絹でもモスリンでもない、ただの木綿の風呂敷を着ていた。梅の花、桜の花、それに井桁の模様が、真紅の地のなかに白抜きされていた。頭にも躑躅《つつじ》の花模様の豊作巻帽子をかぶっていた。首の後ろに小さな笠がくりつけられていた。雪の夜、この地蔵尊はつと立ちあがり、村のなかを歩きまわるのかもしれない。

切れ長の目は笑っていた。

道路向い側の中門造りの大きな家の前に、最後の苞をつけたまま枯れはじめた玉蜀黍《とうもろこし》が二列に並んでいた。種取り用なのだろう。

その前に罌粟《けし》と白粉花《おしろいばな》が咲き乱れていた。

村というのは、こういう姿をしているものなのだ。軒先に大蒜《にんにく》の束が干しかけられている。

オシラガミを祀る小さな堂宇と、中門造りの家、花いっぱいの街道。それは旅人の心を十分に慰めてくれる。私は考えていた。この地、この家に住むことが出来るだろうか。

ずいぶんと歩いた感じがした。しかし実際は、たかだか数百メートル。吊橋が見えてきた。川が屈曲する。岩魚はあの一尾だけだ。ともかく一度川から上がろう。どうしたらいいのか考えるのだ。

道が鍵の手に曲っていた。その傍らに四輪駆動の車が一台停められていた。窓のなかを覗きこんだ。間違いなく釣り人。それも私と同じ、遠くからやってきた人だった。私の気持はすっかり平静に戻っていた。釣りはもういい。しばらく、この舗装された山道を歩いてみよう。そう心を決めた。

すぐに倉谷川との分岐に出た。倉谷川を覗いた。黒く、暗く、陰気な感じだった。「倉谷川はデトから果して深い沢だった」と書いた川崎隆章氏の城郭朝日山行。その頃と、きっと変っていないに違いない。更に、黒谷川に沿う山道を登った。川はすっかり溪谷となり、ゴルジュ帯の底に黒い流れを作りだし、それを暗い葉の密集が隠すという風景が続いた。

小さな三篭沢が右手から入りこむところまで見て、私は引き返した。

年若い友と私は道具をすっかり畳んで、とぼとぼと同じ道を下っていった。倉谷を過ぎ、不動堂の部落についた。

あたりは静まりかえっていた。中門の家の玄関、その上の二階出入口引戸の横、軒下に玉蜀黍が赤い種を剥き出しにされ、吊り下げられていた。夕暮れが迫ってきていた。

この大きな家に、今何人の人が住んでいるのだろうか。もはや大家族で住むことはあり得ないはず。淋しくないだろうか。

核家族と言い、今はディンクスだと言う。波は大都会にも、農業の地にも、均等に押し寄せてくる。大雪に見舞われる土地では、家族は多い方がいいに決っている。最少単位の家族で、岩魚の山里の家を守るのは酷しい。多分不可能なのだ。過疎の村が誕生する。過疎にならざるを得ないライフ・スタイルが、岩魚の里にじんわりと浸透してくる。村の住人は土地を離れ、田舎に憧れる都会人が集まってきて、やがてあのログ・キャビンの群れが登場する。そして岩魚の王国を私はまたひとつ失うことになる。里の存続に思いを馳せながら、私はとぼとぼ歩いた。

待ち合わせの時間をだいぶ過ぎて、やっと車が到着した。もう闇がすぐそこまで来ていた。迎えの渡辺伸一氏が白沢を釣ろうと言う。私は躊躇《ためら》った。もう、この時刻、仮りに岩魚が毛鈎をくわえたとして、どれほどの感興を覚えることが出来るだろうか。

まあいい。ふたりの青年が、闇の迫るひととき、思いきり遊びつくす姿を見るのも悪くない。私は同意した。白沢へ行こう。

阿弥陀堂で橋を渡り、白沢の部落に出る。

小滝清次郎氏、川崎隆章氏の文章にしばしば登場する白沢部落の面影を偲ぶ暇も与えられぬまま、意外に直線の多い農道を車は走り、やがて川寄りの僅かな空地に急停車。

白沢に水はなかった。丸太石《ごろたいし》が、白く乾ききった肌を見せ、河床を埋めつくしていた。

その石の間を深さ二、三センチとしか見えない水がちろちろと流れている。目の届く範囲の内に深みはない。

ぐずぐず言ってないで、何でもいいから毛鈎を水面に入れてみろ、と渡辺伸一が言う。

仕度を素早く整えた年若い友人が、葦叢を掻き分けて石間に立ち、そのまま、ごく浅いその水流に毛鈎を投げた。と同時にふたりが女のように疳高い声をあげ、笑いはじめた。

私は呆気にとられた。信じられないほどの素晴しい岩魚を年若い友人が放している。

私も続いた。毛鈎を近くの水面に落した。七フィート半の竿が長く感じられるほどの近場だった。浅い水がぴしゃぴしゃ鳴って、岩魚が毛鈎に喰いついた。

何ということだ。全くの水無し川で岩魚釣りだ。若い友人と私と、それぞれ連続して岩魚を釣った。私たちはとばした。闇を押しとどめるようにして毛鈎を投げ、掛けた岩魚をまた流れに戻した。

案内役の渡辺伸一は満足そうだった。竿をもたず、彼はしばらく私たちと一緒に歩いたあと、車をとりに戻っていった。

私は年若い友人とふたりになった。

もういいね、と私は言いつつ、毛鈎を投げた。岩魚が躍った。ええ、僕はどうでも、と言いつつ、彼も岩魚を掛けていた。

暗くなりかけた水面の全てを岩魚が覆いつくしている。そんな感じだった。足の甲さえ濡らすことなく、私たちは石の上を歩き、その石の間の僅かな水に毛鈎を入れた。

これでは土龍《もぐら》叩きですよ、若い友人が言った。本当だ、土龍叩きだ、私もそう思った。

毛鈎が水面に達するのと、岩魚がそれをくわえるのと、手が動いて毛鈎を水面から跳ねあげるのと、全てが同時だった。

先端鈎素がぷつりと切れた。信じられないが、見事に合わせ切れだ。そのとき、私は心が激しく高揚するのを感じた。

何故かははっきりしないが、激しい喜びが胸のなかに込みあげてきた。岩魚が健在なのだ。まるで地面から湧いてくるように思えた。

およそ生きものが存在できると思えない、干上がった水のなかに岩魚の乱舞だ。信じていいものかどうか分らなかった。釣りではなかった。しかし私は嬉しかった。川で遊んでいる。いつもの釣りとは全く違う気分、そして喜びを私は味わっていた。脇の道路をヘッドライトが通り過ぎ、しばらく先で方向転換をし、また脇を通り過ぎていった。

若い友人が、口中に小型携帯電燈《フラッシュライト》をくわえたまま、自分の毛鈎を私の先端鈎素に手早く結びつけた。もう私には毛鈎の針穴《アイ》に先端鈎素が通せなかった。水面だけは見えたが、その他は、全て闇に包まれかけていたのだ。

私はもう十分だと思っていたが、若い友人はまだ気力を持続させていた。

ヘッドライトがまた上流へ上がっていった。

それを無視して、私たちはそれからまた何分間か、岩魚と遊んだ。

もうあがろうと、葦叢に向って足を出しながら、上体は反対方向に捩れ、右腕は毛鈎を投射していた。ひと晩中でも遊んでいられそうな感じだった。心を決め、私たちは叢を抜け、道に這いあがった。ヘッドライトに照らしだされた。

何をやってるんですか、渡辺伸一が呆れ顔で笑った。私も笑った。何もかも忘れきっていた。

暗闇の農道をヘッドライトが白く照らしだした。細い道の中央に、点々と黄色い反射板が置かれている。整然とそれが続いていた。

車が近づくに従い、手前からひとつずつ、その反射板は姿を消した。夜鷹だった。道にへばりつき、飛びまわる昆虫を捕食しているのだ。その目が金色によく光った。ぎりぎり車が近づくまで夜鷹は路上から動こうとしなかった。ヘッドライトを睨み据えていた。点々と並んで、まるで中央線の指示反射板そのものに見えた。

やがて白沢の部落。夜鷹の眼より、遙かに鈍い光が前方に見えはじめた。深呼吸したとき、大都会の明かりも一緒に見えたような気がした。

岩魚と夜鷹を私は考えていた。土地にも家にも執着することなく生きることだって不可能ではない。私はそう考えていた。

短い一生だ。継ぎ残すべき、家柄など、すでにもってはいない。今必要なもの、それは小さく快適な家屋ひとつだけだ。家を所有する必要はない。収入と、社会的地位と、分にふさわしい住居。それを生存の間、貸し与えられればそれでいい。それ以上、何を望むことがあるだろうか。土地と家屋の自己所有に躍起となって、人生の貴重な時間を費すことなど、どう考えても正解とは思えない。家は賦与されるべきものなのだ。違っているだろうか。

土地の放棄。それが出来れば、山女魚の川を潰さずにすむ。岩魚の水を干あがらせずにすむ。山に樹を残すことが出来る。多分。

伊南川沿いの部落が次々にヘッドライトのなかに浮かびあがった。岩魚の里に、中門造りは似合いなのだと、つくづく思った。山女魚里にも……。決してログ・キャビンではなく……。私の思いは通じるだろうか。

川の荒廃と山女魚釣り——鱒沢川［福島県］

夜が明けていく。細い雨が降っている。物音は何も聞えてこない。早起きのはずの鳥さえもない。たっぷり水分をはらんだ雲が、川岸すぐ近くの唐松の林のなかに垂れこめている。それはすっきりした白色ではなかった。雲もまだ眠っているのだ。雨と露いっぱいの叢を少し歩いた。

川に入ったのはそれから二時間もしてから。

夜の空気が川面から完全に身を退いたあとの、午前六時半過ぎだった。

水中へ第一歩を踏みだすときの気分が私は好きだ。鱒沢川《ますざわ》となれば、それはなおのこと。

体にぴしぴしと水の精気が伝わってくる。

相変らずの透明度だ。水と岩とがしっくり馴染んでいる。こんなふうに相愛の状態になるまでにいったいどれほどの時間が必要となるのだろうか。

音立てず、波紋を作らず、私は水のなかを歩きはじめた。絡まり、溶けあっている水と岩、その邪魔をしたくなかった。

第一の堰堤から一キロ上流。気に入りの淵。今朝はひとりだ。鱒沢川はひとりで歩く川だ。

石の多くは水中に没している。透明度は限りなく高い。慎重の限りをつくして遡行しないと釣りにならない。ふたりで交互に釣りのぼるスタイルは、この川では難しい。

九月十九日だった。

この川にやってくるのは、秋のはじめのことが多い。雨の日が多い。秋雨の鱒沢川、しっとりとしたその風景を見るのが好きだ。春のはじめの唐松吹きの朝も悪くないのだが、秋雨の朝には及ばない。

もうポイントは分っている。遡行のルートも歩くうち、すぐに思い出す。浮上波紋はないが、山女魚の影は十分に見えている。自分が釣った石、同行者が釣った石をしっかり覚えている。今朝はそれをおさらいしていくのだ。呼吸を整え、ゆったりと私は歩いた。

一度、水辺におりてしまうと、この溪の遡行はそれほど難しくない。余裕をもって歩けるのだ。

頭のなかに、山と水の文字が浮かんでくる。

「古佛いはく、山是山水是水。この道取は、山是山といふにあらず、山是山といふなり」

「山水経」だ。山と水は、文字なき経文だという。確かだな、と私は思う。もちろん、道元の山水は、遊山玩水のそれではない。それは承知なのだが、とはいえ、流れを目にする山女魚釣り人にとって、水は目の前の水、山は目の前の山だ。ひたすらその水をみつめ、山女魚の動きを追っている。

頭のなかに、更にあれやこれやの文字が浮かび、言葉の断片が駆け巡る。山水に続いて、自然の二文字。これが苦手だ。自然について考えることが、私はとても苦手だ。その正体が一向に分らない。ただ思うことといったら、自分の生活の周囲から、自然はすでに一掃された、ということぐらいのものだ。

自然に親しむ、と人は素朴に言う。その言葉を耳にするとき、私は自分でも奇妙だと思えるほどに苛立つ。どこに自然が、とすぐ喧嘩腰になる。もはや、私と私の周囲には、自然を基盤とする生活様式は存在していない。

あまりに素朴な自然讃歌に出会うと、私のその苛立ちが爆発するらしい。自然に親しむ、という何気ない言葉が、ひどく不遜、傲慢なものに思えてくるのだ。

ともあれ、私は山女魚釣りに没入しよう。山と水との現実と夢想のなかに浸りきるとしよう。

道元禅師について、私は何も知らない。勝手な想像を働かせて、私は楽しんでいる。本当に山水、自然の好きな人だったのだろうか。山女魚を見たことがあっただろうか。山女魚を釣ったことがあっただろうか。

「山水経」はまた言う。

「龍魚の水を宮殿とみるとき、人の宮殿をみるがごとくなるべし」。龍魚、即ち山女魚なり、と言ったら人はやっぱり笑うだろうな。

しかし、同じ問うなら、やはり山女魚に問いたい。「宮殿の水は冷たいか、流れは早いか」と。

「……むかしよりの賢人聖人、ままに水にすむもあり、水にすむとき、魚をつるあり、人をつるあり、道をつるあり」

頭のなかの言葉の方へ、次第に意識が集中していく。しかし足元の水を乱してはならない。呼吸を整え、私はゆっくり進んでいった。

「さらにすすみて自己をつるあるべし。釣をつるあるべし。釣につらるるあるべし。道につらるるあるべし」

突然体がぞくぞくとした。言葉を繰り返しているうち、何となく、自分がとても若々しい存在のように感じられたのだ。青年、それも前期のそれ……。活力に溢れてはいても何も分らず、混沌が全身に襲いかかり、また引いていく、あの煩悶の季節が蘇ってきた感じだった。

走りだしたい衝動をじっとこらえて、用心深く、片足を大石の上に置いたまま、対岸の縁側近くに沈んでいる長方形の白い岩盤に目をやった。

一昨年の秋、この白い石の上を泳ぐ一尾の山女魚を見た。しばらく石の上を動かず、それからふいに姿を消し、また元の位置に処を占めている、大振りの山女魚だった。

水面からは一メートルほどの深さがあったと思う。今もほぼ同じ水位だ。山女魚は……。居た。やはり、居た。白い石に張りついている感じだ。ほとんど動きを見せない。

あのときは釣りにならなかった。今も同じだ。あの山女魚を動かす力が私にはない。いや、水の流れは読めているのだ。しかし毛鈎を自然に流す、その方策がみつからない。

私自身の目で、すでに毛鈎が不自然な存在に見えている。山女魚にはなおのことに違いない。

私は水は流れていると考えている。しかし山女魚は、水が流れているなどと考えはしないはずだ。いや、水そのものの存在を考えていないに違いない。それがあるがままの状態なのだから。山女魚にとって水は、自然でも不自然でもない存在に違いない。そこへ突然毛鈎が入りこんだとしたら……。あの山女魚を釣るのは不可能なのだ。

いや、特別残念な気持はしない。紛れもなく私は山水のなかにいるのだから。釣れようと釣れまいと、私は釣りをしている。毛鈎をみつめている。石を、水を、樹を、そして山をみつめている。全てのものが私と一体になっている。いや私は、全てのものと一体になっている。私の呼吸も、私の足の運びも完璧だ。こんな朝はめったにあるものではない。

最高の気分だった。

水中に有情世界がある、と道元禅師は言う。

雲中にも、風中にも、一茎草中にも有情世界があると言う。私だって一個の有情世界をもっている。山女魚、いでよ。

下の堰堤から上の堰堤の間は溪谷。季節により高捲きが必要となる場所が二箇所だけあるが、それとて特別面倒ではない。心を平静に保ったまま、溪を歩いていく釣りの何と心楽しいことか。いつまでも歩いていたくなってしまう。

上の堰堤が見えてくる最後の屈曲部分は、かなり大きな淵になっていて、左岸の岩盤の上を乗り越えて進まなければならない。右岸は歩けず、左岸も水面近くに足場はない。この岩場だけが多少の難所だった。

すっかり朝の明けきった雨の川で、私は数尾の山女魚を搚網に納めていた。はじめてこの川を歩いたときは、岩魚しか釣れなかった。遡行に間違いがあったのだ。

右岸と左岸、歩き方が逆になっていることが多かった。はじめての川で、間違いなく右岸、左岸を選べる人はやはり達人なのだ。私は駄目だ。失敗ばかりしている。いや、ただ歩くだけなら、それほど面倒はない。釣りをするのだ。そのことが厄介なのだ。

突然足元から山女魚が走りでたり、背後に障害物を背負ってしまったり。二度、三度と同じ溪を体験して、はじめて歩行に気をとられることなく、山女魚を目にし、心に感じることが出来るようになっていく。

水是水。水は流れではない。そうは知りつつ、やはり流れを読んでいる。その間は、いい山女魚は釣れない。水は流れるものということを忘れて、はじめて溪が歩け、山女魚が釣れるようになるのだが、これは言うほどたやすいことではない。まずは波紋を作らず、遡行が出来たことを上首尾としなければならない。私は喉の渇きを感じていた。

川の水を飲みたかった。ヴェストの背中、大振りのそのポケットには、食べもの、飲みもの、何も入っていなかった。長い時間の釣りではない。そう思っていたからだ。

川の水を飲むことは何となく躊躇われた。

私はすでに水を信じていない。鱒沢川の水さえも。いや本当は、水を信じていないのではない。人を信じていないのだ。都会に暮らすうち、いつの間にか水を飲まなくなってしまった。塩素のたっぷり入った水道水を、果して水と呼んでいいものだろうか。しかし考えてみれば、人口稠密のこの国、この都会にあって、塩素なしの水を望むことの方が馬鹿げているのに違いない。

そうは思っても、鋭い舌触りを欠いたあの水に直接口をつけるのは、なかなか勇気のいることなのだ。生水を飲むことから縁遠くなっていた。

雨の国。梅雨、台風、秋霖。きっと誰もが水の豊かな国だと信じているに違いない。山女魚を釣らなかったなら、私だってきっとそう考えていたはずだ。雨の王国であることは間違いない。世界地図に載っている、各国各都市の年間降水量の表を見る。改めて日本の、東京の雨量の多さに驚かされる。しかし、この島国の人口もまた、異常に過密なのだ。

ひとり当りの年間降水量となると、これは決して多くない。つまり個人が使える水の量は、他の国に比べると、ぐっと少なくなる。水の贅沢を許されない国なのだ。ほぼ慢性的な水不足から、今のところ逃れる術はない。悪者は例によって都市生活者。

自然型の生活様式に戻れない人々だ。都市へ降る雨のほとんどは、下水道や暗渠を通って、海へと流れでていってしまう。

アスファルトで固められた都市の地表は、保水能力がない。最も多量に水を消費する都会は、自身の行政区域内ではほとんど水を産みだす能力がないのだ。山の彼方、山女魚の川に作られた巨大ダムの水を使って、やっと生き延びている。水の浪費は何よりの罪なのだ。

ところで、この雨の王国の住人は昔から、禊《みそぎ》と祓《はらい》とで身を清めて暮らしてきた人々だ。

流れる水と、流れる風をなによりも愛してきた。水と風はいつも身近にあるものと思っている。逆に言えば、自然現象の水や風の力で、自分の身の穢《けが》れも罪も洗い清められると信じている。水に流し、風にまかせる。ごみも穢れも流れ、吹き寄せられて海の彼方の何処かへ消えていく。そう思い、そう信じ、そう願っている。反省などいらないのだ。責任も問題ではない。全ては水と風におまかせだ。

もちろん今も、滝水にうたれ、山に籠って風を受ける。本当の苦行を自らに課す人は少なくない。しかし大抵の場合は、その禊も祓も形ばかりの作法でことは済んでいる。流れ、忘れ、全てが終ってしまう。

水に流すこと、穢れを乗せた水を流すことは別に罪ではなかったのだ。節水の心得は、言葉では分っていても、現実の処置となると、これがなかなかに難しい。水は一見、豊富すぎるほどに思えるせいだ。

多分、都会に住む人は、山女魚の川が、どれほど荒廃しているか知らないのだ。そしてその山女魚の川近くに住む人は、その荒廃のもたらす結果について思い及んでいないのだ。

いつの頃からか、大都会の地下水が枯れはじめた。雨水が単なる廃棄物となってしまったせいだ。山女魚の川の荒廃が進み、無機的なコンクリート護岸の水路になっていったのは、同じ時期からだった。

上流のダムに水源を頼りつつ、都市生活をおくることを全くの罪とすることは出来ないが、とはいえそのことに無関心でいることはやはり罪だ。

世田谷の、少しばかり高台の土地にある、私の家の、狭い庭の片隅を掘った。四メートルを少し過ぎたところで、地下水が湧きでてきた。まだ完全に枯渇しているわけではないのだ。大雨の続いたことがあった。地下に設けた升が、たちまち雨水で埋った。この雨水を利用したい。少なくとも水道の水を節約することが、ダムの開発を避ける一番の道だろうと思う。山中にダムの壁を見るほど、辛いことはない。都市がそれぞれ都心地ダムをもったら、山女魚の川の荒廃は少しばかり緩和されるだろうか。

大都会に降る雨を、蓄えておくための方策が欲しい。個人的規模での節水には限りがある。また咎められねばならないほどの無駄使いがあるとも思えない。しかし人口の稠密が全ての善意を無為にしてしまう。都会には都会の内なるダム。それを考えなければならない。

子供の頃、家のなかに浴室はなかった。銭湯に出掛けた。夏の夕方は、盥《たらい》に水を張り、陽に温めて、行水した。なるべく水をこぼさないように注意しながら、蟬時雨のなかで体を冷やした。

あの頃の方が今より山地の、また平地の蓄える水の量は多かったかもしれない。にも関わらず、人は皆、水を大事に使っていた。節水の術を心得ていた。台所の石瓶《かめ》に水を溜め、柄杓でそれを掬い、炊事に使っていた。

アルマイトの柄杓が石の面をこする音を、今でも覚えている。

遊び場は、神社の脇の泉水池だった。沢蟹と追川が、その浅い湧水の池の石組陰に陣どっていた。掌に掬って、よくその水を飲んだ。

今から数年前、その近くの沢川を釣りする機会があった。懐かしさに誘われて、その池のあたりまで足を延ばした。神社も泉も姿を消していた。コンクリート・ブロックの垣に囲まれた家が立ち並び、路上で青年が、赤い愛車を洗っていた。長く延びた合成樹脂のホースから、水が流れだし、まるで雨で洗われたように路面が黒く光っていた。青年は車体の水分を拭きとっていたが、その間も路上に放置されたホースの口からは水が勢いよく流れ続けていた。

あの頃、泉から水を汲み、ふたつの木桶を天秤棒でかつぎ、胡麻の畑まで運んだ。乾いた土が、泉の水を心地よく吸いこむのを見るのが好きだった。都会のなかに、いくつもの小型ダムをもつことで、山女魚の里にまだ残る、いくつかの泉水池を長生きさせたい。不可能なことだろうか。

ついに上の堰堤が見えた。草に埋もれた石を跳んで、その堰堤の下に立つ。大きな淵のなかの左隅近くに山女魚の浮上波紋が見えた。浮上波紋さえあってくれれば、この大淵の釣りも、それほど苦労はない。しかし私は、あまり堰堤下に拘わりたくなかった。一尾が遠目で、もう一尾が意外にも足元近くの浅場で毛鈎をくわえたところで、終りにした。

右岸の堰堤根方につけられた踏み跡を辿って、堰堤の上に出る。上流側を覗きこんだ。際の溜りに魚が群れている。かなり大きい。岩魚だ。あれは釣れない。陽が落ちて、それからなおしばらく時が経ってはじめて、あの岩魚たちは動きだすのだ。

その姿に誘われて、どんなに長い時間毛鈎を投げ続けてみても、徒労に終ることが分っている。いつか機会があったら、この溜りのなかの岩魚に対手してもらおう。しかし今はそのときではない。

時計を見た。針は九時半を指していた。上流部を覆う山毛欅の森が、夏の終りをはっきりと示していた。汚れた感じの緑だった。

雨があがろうとしていた。いったん鱒沢川を離れることにした。

南会津の川、館岩川は、あの偉大な伊南川の一支流。その館岩川はまた、西根川、湯ノ岐川、それに鱒沢川の支沢をもっている。それぞれが一本立ちの、立派な流れだ。鱒沢川との出合いから少し下ると松戸原の部落。そのあたりから館岩川の河原が急に白くなる。

黒雲母花崗岩の川になるのだ。この白い河原は、伊南川との合流部までずっと続いている。花崗岩の川は、不思議に心を明るくしてくれる。館岩川の沿道に秋桜がきりもなく続いていた。何年か前の同じ九月、祭りの日、昔風の袴《はかま》に肩衣。あの裃《かみしも》姿の村人が、秋桜の道を歩いているのを見た。

裃姿の村人に似合いなのは、秋桜より野菊と彼岸花の方だと、そのとき私は考えていた。秋桜はメキシコから、そして彼岸花は中国から、ともに外来の花。その彼岸花は薬用として、またその毒性を利用して、鼠避けにも使われてきた。その毒々しいまでの赤色が疎まれもするが、それ以上に強い生命力を感じさせてくれて、私は好きだ。実りの稲穂と村の路との境には、やはりこの花が似合いだという気がする。

秋桜は、その細い葉と茎、そして花の色彩、ともに少しばかり甘美さが勝ちすぎる。本当はその旺盛な繁殖力が示すように強い花なのだろうが、イメージは繊細である。洒落た感じがする。清里から野辺山にかけて、あの高原の路傍には不思議と似合いの秋桜が、ここ館岩では、何となく違和感を覚えさせるのだ。館岩村には、本当の土の匂いが残っているのだ。野菊と彼岸花の方がいい。それが似合う村は、もう少なくなってきている。

あの日、風が秋桜の花を縦横無尽に揺らしていた。肩をぴしりと張りあげた村人が、そのまま風に乗って空中に舞い上がり、電線を乗り越えていってしまってもおかしくないと、一瞬私はそんな幻覚にとらわれていた。

館岩川は、その最上流で、会津高原たかつえスキー場のある高杖原を挟んで、ふたつの大きな枝沢に別れる。分岐点は森戸。北から入ってくるのが滝ノ岐川。大内沢、保城川、八木ノ岐川などの名をもつ沢水を集めた流れだ。南からの流れは、番屋川と峠沢の水を合わせた館岩川本流。森戸から、その本流に沿って少し進む。高杖の原へ登っていく道と国道三五二号線が別れるあたりが八総の村。この村を私は気に入っている。

森戸に入ってくる北の川の名前が、滝ノ岐川かどうか確認はとれない。流程の長さから言って、多分この名前だろうと見当をつけている。すっかり護岸されてしまい、浅い水路になってしまった下流から少し農道を登っていくと、僅かに川らしい体裁をもった流れになり、その先の石橋の上下で、木内沢から八木ノ岐川までの小支沢の水が全て集まってくる。

この橋の二百メートルほど下、農業水路と化しかけているこの流れの小さな石組みのなかに、山女魚がいた。それが私の館岩川最上流の山女魚だった。

一方、館岩川最下流の山女魚は、伊南川との分岐点から三キロほど上流、西根川の出合い付近での一尾だ。

穴原と田の瀬の間の、大きな橋の下から、舘岩川本流を渡渉して西根川に入る。木賊温泉への道を挟んで、標高六八五メートルの小山が、西根川を見おろしている。

赤い石の沢が続いていくのだが、その西根川の水が流れ流れて、もう一歩で舘岩川、という、その最後の岩場の陰から、紫色の勝った、まるで雨子のような体色をもった山女魚が出た。

舘岩川の山女魚。上下の二尾の間に本流の山女魚、そして鱒沢川の山女魚がいる。

午後、私はまた鱒沢川、上の堰堤に戻った。壁際の岩魚たちは相変らず小さな円を作って動きまわっていたが、これは無視することにした。

その脇の早い流れのなかに、浮上波紋があった。岩魚だ。白い砂礫が堆積した、広くそして浅い流れがしばらく続いた。足首まで砂に潜った。岩盤に水が吸いこまれていく感じの対岸寄りの小淵にも、浮上波紋が見えた。やはり岩魚だ。もう岩魚だけかもしれない。

幅広く展開していた流れがまた狭まり、渓流がはじまる。山毛欅の森が迫ってくるのだが、そのなかを安ヶ森林道がずっと川に沿って登っていく。安ヶ森峠を越えて、栃木の湯西川へ抜けていくのだ。

私としては、この上流部を釣りたくなかった。鱒沢川の魅力は、ふたつの堰堤に挟まれた下流域にある。その間の山女魚を釣ることにある。そう思っていた。それも雨の日に……。

五月中旬、唐松の芽吹きが納まり、若葉が川岸を覆いつくしている季節に、この下流域に入ったことがあった。快晴、水は透明の上にも透明だった。遡行に失敗し、毛鈎はただの水面を不興げに流れるばかりだった。快晴の空は鱒沢川に似合わない。私はそのとき、心から思ったものだった。

雨の日、水の濁りを心配せずに釣りの出来る川は、今では少なくなってしまった。館岩川周辺の流れのなかで、この鱒沢川だけは、人の手の加わった跡が予想外に少ない。雨の日には、そのことの有難味がしみじみと分るのだ。

「昔の日本人が集落を作り架構を施すには、まず地を相することを知っていた。西欧科学を輸入した現代日本人は西洋と日本とで自然の環境に著しい相違のあることを無視し、従って伝来の相地の学を蔑視して建てるべからざる所に人工を建設した。そうして克服し得たつもりの自然の厳父のふるった鞭のひと打ちで、その建設物が実にいくじもなく壊滅する。それを眼前に見ながら自己の錯誤を悟らないでいる、といったような場合が近ごろ頻繁に起こるように思われる」

遙か昔、寺田寅彦はそう考えた。それから半世紀ほども年月が過ぎて、その結果の悲惨さぶりに私はただ絶望している。何てことだ。

大都会から水景が奪われただけではない。山女魚の溪にも、それと同じ状況が迫っている。山と水を無視した人工物が川岸を埋めつくしていく。天然自然に美を認める人、価値を認める人は、昔も今もそう多くはないらしい。いずれ鱒沢川も相地の学を忘れた人工物が多く建設されていくことになるのであろう。

あれやこれや考えれば、私はやはり鱒沢川の水を飲まねばならない。躊躇うところなど、何もないはずだ。

いつかインドを旅する幸運が巡ってきたとして、私にガンジスの水を飲みほすことが出来るだろうか。多分、勇気をもってそれをなそうとするだろう。しかし躊躇いは大きいに違いない。

私には私の飲むべき水がある。きっとそう思うに違いない。そのとき、私はどの川の水を思い浮かべるだろうか。

鱒沢川の午後が終ろうとしていた。溪の上のそれほど広くない空が次第に薄い紫色に染まっていくのだ。今、私は秋の川、降り続いた雨にも決して透明さを失わなかった川にいる。私の人生にも、何度か雨が降った。そのつど、私は濁りに濁った。

水に指をつけてみる。爪が白く見えた。この水のなかで、山女魚が美しいわけが少し分ったような気がした。

私は掌をくぼめて、水を掬った。水は喉を通り、やがて足先におりていった。私は没入していた。私の風景のなかに没入していた。山女魚のなかに没入していた。

「今はまだ、自己をつるあるべし、釣をつるあるべし」

私はまた、ふたつの堰堤の中ほど、いつもの岩の上に立っていた。岩はもう濡れてはいなかった。

大盆地風景の桃源郷――芦川［山梨県］

芦《あし》川本流から別れて、農道が真っ直ぐ狭い氾濫河原を駆けあがっていく。夕暮れがもうそこまで迫ってきている。道のすぐ右下に流れが見える。小さな堰堤の連続だ。これを川と呼んでいいかどうか分らない。

ともかく、釣りの支度はすっかり整っている。竿と投射糸は繋がれたままだし、夕闇用の大型の白い毛鈎も、先糸の先端に結ばれている。

今日一日、あちこち動きまわった。締め括りの山女魚を、この不思議な流れのなかに求めるとしよう。すでに昼と夜、境の扉は動きはじめている。

丈はそれほど高くはないのだが、その密生度の激しい、芦川特有の葦が流れる水を隠している。山女魚は闇と葦とでしっかり護られていた。

銘川の好場所に暮らす山女魚は、釣り人にいれかわり、たちかわり狙われる。よほど用心深くても、生き延びて年を経ることが難しい。しかし、この流れのような、見映えのしない、小さなポイントを狙う釣り人は少ない。

劣悪な生活環境のなかに、身のこなし素早く、十分に育ちきった山女魚がいることを私は知っている。

毛鈎が見えなくなってしまったなら、それでもう止めなのだが、その時刻まで、まだほんの少しばかり間がある。

底石の上に水が張りつき、小さな白泡が生まれ、その左右にゆったりした流れがあった。

なにもかもミニチュア・サイズだった。とにかく流れの中心に毛鈎を投げた。好ポイントと欲張って、岸近い石など狙い、もし運悪く、その上の草など釣ってしまったなら、全てが、それこそ一瞬にして終ってしまう。

今はそれを避けたかった。

闇が迫ってきている水面が、いきなり純白に光った。白い帯が水面で太い弧を画いた。

掬網は使わなかった。先糸に沿って、そっと左手をのばし、水中で掌に山女魚を捕えた。岩魚のように、ねっとりとしたその感触に驚いて、山女魚の体に目を近づけた。

小さい朱点があった。雨子だった。

竿先に一瞬、生きものの脈動を感じたとき、もう少し大きなサイズだと思ったのだが、掌の上で呼吸しているその雨子は、ごく平均的。

ただ白い腹部の曲線が美しかった。

子供の頃から、いつもそうだった。夕暮れの遊びを終りにし、昼と夜のけじめをつけるのは、なかなかの難問だった。切っ掛けを探していた。畑のなかの煙り、鐘の音、夕焼け空の色の変化。それを思い出した。

堰堤のなかの、その一尾の雨子で、芦川の釣りを納めた。もう次の堰堤に登るつもりはなかった。谷間から私は、本流の上の方向に目をやった。黒い木々の梢が重なって見えただけだが、その先に鶯宿峠があるはずだった。

「生れは甲斐の国　鶯宿に立っているなんじゃもんじゃの木の股からですよ」『青じその花』に収められた一首、山崎方代氏は自分の出生をそう詠んだ。

実のところ、私は、俳人とか歌人とかいう人の自然観を、ときに疑問に思うことがある。

天然自然の時候から動植物まで、観照の目をくまなく巡らしているかのように語り続けているが、その身近な自然が今や崩壊し、形を成さなくなっている現実に対し、歯止めとなるような動き、働きを何もすることなく、ただ、その虚像を文字にすることに、割り切れないものを感じてしまうのだ。歳時記の春を見ていると、昔に変らず今も燕が青田の上を、甍《いらか》の町を飛んでいるように思えてくる。いたるところに春の川があり、山笑う風景が存在するように思えてくる。なのに、山女魚の川は荒廃の極みだ。

釣り人は……。崩壊の山女魚川を見捨て、源流へ、原生林の森へと足を延ばす。同じことか。歯止めをかけたいのは、無垢の原生林ではない。これ以上は、もうゆずれない、山女魚の里川の方のはずなのに。

手放しの自然讃歌とは無縁の歌人、山崎方代は先年亡くなってしまった。今となっては、署名の入った『青じその花』一巻を手に入れることが出来ただけでもすごい、と思いこむしかない。種田山頭火、尾崎放哉の句と比べられることを潔しとしない態度が印象的だった。

「この高名の二人の作品はそれぞれに異色であることは異存ないけれども、何かが欠けているような気がしてならぬ。たとえば、文学のもつ影のなまめきみたいなものが私には感じられないのだ。地上にころがっている石ころでも、月夜の晩にはおのれの影をちゃんと土の上に置いているではないか」

山崎方代の名は、「生き放題死に放題の方代」だと言う。「先に生まれた九人の兄や姉達の中で長女一人のほかは皆幼くして亡くなってしまって子供運に恵まれなかった」両親がつけた名前だ。「なかばあきらめの境地からの名前」それが一枚の紅葉押し葉とともに扉に書きこみされている私の『青じその花』。貴重なのだ。

鎌倉で晩年を過した山崎方代は、故郷右左口《うばぐち》に、常に思いを馳せていた。最後の最後、その故郷に、両親の墓を建てた。

「ついでというのもおかしいが、父母の墓のかたわらに、七覚川の川床からひろってきた子供の頭ほどの川石をポンと置いてみた。方代自身の墓のつもり」だった。

もう夕暮れの気配はすっかり消えていた。山の端だけが、薄い青色を残していたが、その上の空はすっかり深い藍色に変っていた。

私は鶯宿峠をまた思い画いていた。

あの峠を越えた釣り人がいた。井伏鱒二氏だ。

「戦争中、私は蘆川へ行ったことがある。甲府盆地側の花鳥といふバスの終点から馬に乗って、上り下りとも急坂の峠を越え、上蘆川、中蘆川を経て、鶯宿といふ部落の渓流に沿ってゐる宿に泊った。高い山に挟まれた谷間の部落である。その夜、私は早寝をして翌朝ずゐぶん早く目をさましたので、宿の主人が夜網から帰って濡れた網を庭先に干してゐるところを見た。魚籃のなかには、一尺前後のヤマメが三十尾の上もゐた。しかし網で荒されたあとの釣は無駄である。私は釣をする気がしなかったので、馬を雇って鶯宿峠を越え、境川村の飯田蛇笏さんの屋敷の前を通って帰って来た」

芦川から右左口峠、あるいは鶯宿峠を越えて、甲府盆地を見おろす。眼下に桃源郷。山崎方代は、「なまよみの甲府盆地は桃の花で埋ずまり、天に梯子をかけたくなってくるほど」の、四月の桃源境を目にしてきた。「桃の花びらで赤く染っている雨の歩道」を何度も見てきたのだ。

桃源郷への憧れをもつ釣り人は決して少なくないに違いない。私も桃源郷探しをずっと続けてきた。はじめての川へ、はじめての土地へ出掛ける春は特に、その思いを強くする。

きっと桃源郷、こここそ桃源郷、そう思いこむ。しかし、本当の桃源郷には、まだ巡りあわない。甲府盆地の他には……。

四月の甲府盆地。それはまさに桃源郷以外の何ものでもない。いや、なかった。

盆地への出入口はいくつもある。東京そして長野、諏訪からの国道二〇号線、中央高速道、静岡側から国道五二号線、国道一三九号線と甲府精進湖道路。北から丹波山を越えての国道四一一号線。どの道から国中へ入っても、山峡を抜けると突然盆地の全景が見渡せる。丘陵と、その先の水耕地帯、それに光る川が一気に目に入ってくるのだ。

丘陵は桃李の原。春霞のなかで、それは濃淡の紅色を見せ、周囲の緑と合体する。幹線以外の道も全て、山地から国中盆地の低部へ向けて駆け下っていく。

「平安時代の文学では、甲斐の国は不老長寿の神仙とみられており、常世波のうち寄せる駿河に対して、霊峰富士にかくされた、ヨミカヘリ（蘇生）の聖地とみられたのかも知れない」と、これは『現代語訳対照万葉集』の桜井満博士。

盆地北西の須玉町、塩川沿いの小尾の部落を訪れた金森敦子氏は『石の旅』のなかにこう書く。「山は道から少し離れ、水田も見られるようになる。春にはあちらこちらに桜の花が咲き、菜の花の黄と萌える若草の緑で、桃源郷とはここをいうのではないかと思ってしまうほど美しい村だ」ったと。

かつて私は、その美しい村を、それこそ目いっぱい、胸いっぱい見てきた。笛吹川、釜無川、御勅使川、金川、芦川。山の水が土を運んでくる扇状地、河岸段丘、丘陵性山地、台地、そして丘陵。その全てに美しい村が点在していた。

芦川下流域に広がる丘陵、そして扇状地はなかでもとりわけ私の目には馴染み深い土地だった。身延線が花輪と甲斐上野の間で、笛吹川下流を渡る。その橋の名は、桃林橋。

その更に下流に続く丘陵地の春の風景は、まるで狂気だ。甲斐上野の次の駅が、芦川。いや駅ではない。停車場、停留場。昔も、そして今でさえも駅員不在の無人駅。夢のまた夢。本当の桃源郷を私は数年の間、毎日目にして過していた。

もうひとつ、盆地西側にも、私だけの桃源郷があった。四十年ほども昔、少年の日をここで過した。峡南電鉄、通称ボロ電と呼ばれた、一輛ないし二輛連結の小型電車が、増穂町青柳から、甲府市内まで、西部の果樹園地域を縫って走っていた。春、電車のなかは、桃の花、桜の花で染まり、花びらで埋った。今も、小さな隧道を抜けて、花吹雪のなかを走ってくる電車と、御勅使川扇状地、釜無川下流域一帯の風景が目の前に展開する。古市場、桃園。そして母の生地、東小林……。桑と林檎樹。桃源郷の夢を貪るに私は事欠かない。

桃源郷。そのイメージの源は、言うまでもなく、陶淵明の「桃花源の詩　ならびに記」。

山女魚と桃源郷。多生の縁ありと、読みたくなる。陶淵明は言う。

「武陵の人の魚を捕うるを業と為せるもの、渓に縁《そ》うて行き、路の遠近を忘るるに、忽ち桃花の村に逢う」。いつの時代も釣り人は、桃源郷探索者なのだ。続けて読む。

「岸を夾《はさ》みて数百歩、中に雑樹なく、芳《かぐわ》しき草は鮮やかに美しく、落つる英《はなびら》は繽紛《ひんぷん》たり」
桃源郷入口付近の風景だ。ここから村中へ入る。
「山に小さき口あり。髣髴《ほうふつ》として光あるが若《ごと》し」そこを抜ける。「豁然として開朗す。土地は平らかにして曠《ひろ》く、屋舎は儼然として、良田美池、桑竹の属《たぐ》いあり」。これが桃源郷の空間だ。

与謝蕪村と池大雅。ふたりの詩題と画題に桃源郷が登場する。池大雅の「武陵桃源図」は、まさに陶淵明のイメージを写したものなのだろうが、私は納得がいかない。あまりに山中に過ぎるのだ。

盆地の縁上には、小野、小国、あるいはかくれ里などと柳田国男が説明した山間小盆地がある。どうやら桃源郷のイメージとしては、その小さな空間の方が一般的なようだ。池大雅の桃源図も、そうした山間の谷地だ。

しかし私には、桃源郷はもっと広い土地に思える。山中の古道を抜けると、眼前に突然展開される盆地底の大きな平野。なだらかに落ちていく擂《す》り鉢の斜面。そして一帯の花。

私にとって、桃源郷は広く眺望のきいた大盆地風景でなければならなかった。絵はどうしても甲府盆地のそれだ。芦川扇状地、御勅使川扇状地、笛吹川左岸丘陵地、そして三川落合の川筋。桃花一色の丘陵風景。

どうしてもそれになってしまうのだ。

小学生の頃、芦川右岸大塚の縄文遺跡に出掛け、土器を見学し、鏃《やじり》を探した。中学生の終り頃から高校卒業まで、私は身延線で通学し、春も夏も芦川を渡り、桃林橋を越えて鰍沢と甲府の間を往復した。その頃、芦川下流、川浦に住む友だちを訪ね、部落下の淵で一緒に泳いだ。その頃、親しい女友達がいた。芦川右岸に住むその人の家を訪ねもした。

大学一年生の冬休み、やっと手に入れた登山靴を履いて、芦川の渓流を登り、高萩と日陰山の枕状溶岩を見にいった。海底で噴出した玄武岩質溶岩は、海水と接触し、その表面が急冷される。半ば凝結したその溶岩塊の内部から次々に新しい塊がその殻を破って突きだしては、また冷やされ固結していく。葡萄の実が重なりあったような状態の溶岩。それを川岸や山腹で目にすることが出来た。

断片をつむいで、私の桃源郷風景、一枚の絵が出来あがっている。

私の大学生時代、東京から甲府までは各駅停車の中央線で六時間ほどの長旅だった。勝沼はスイッチバックの駅だった。笹子の長い隧道を抜ける。突然、葡萄畑のなだらかな丘陵斜面と、広い盆地と、その背後の壁のように高い南アルプスの山容が視界いっぱいに入ってくる。

葡萄棚の上に、明かり窓と煙出しの突起を中央に載せた、押し上げ屋根の甲州民家が顔を出している。盆地の底一帯に霞がたなびいている。セガンチーニどころではない。

汽車は一度、駅を下に見ながら、甲府側に走り抜け、徐行し、停止する。今度はゆっくり後方へ動く。そしてまた停止、前進。ようやく、下に見えた勝沼のプラットホームにつく。

桃源郷への出入りの儀式として、このスイッチバックは実に効果的であった。いつもいつも胸のつぶれるほどの切なさを私は味わっていた。

甲府盆地こそ桃源郷なのだと私が固執するのは、言うまでもなく、その昔の風景を目に焼きつけてきたせいだ。今は中央高速道が、桃花で埋る一宮の丘陵地帯を突き抜けていく。

花が美しい、と思う人はいるかもしれない。

しかし、そこが桃源郷とまで思いこむ人が果して何人いるだろうか。

桃源郷のありかを口にすることは慎まなければいけない。陶淵明も言う。

「停《とど》まること数日にして、辞し去る。此の中の人、語げ云う、外人の為めに道うに足らざるなり、と」

私も桃源郷については、ずっと黙り続けてきた。しかし、もう口にしてもかまわないだろう。例え桃源郷探しの男、南陽の劉子驥《りゅうしき》がこの世に蘇ったとしても、ここがその目的の地だと、もはや見極めることは困難であるに違いないのだから。

桃源郷の色は次第に薄まり、濁り、霞のなかに消え去っていこうとしている。

夕まぐれの終った闇のなかで、私は耳を澄ましていた。今日一日、峡南の川をあちらこちら一緒に釣り歩いた仲間たちが帰ってくるのを私は待っている。

いつの頃からか、この時間をとても大事に思うようになった。それと同時に私は夕暮れ時の山女魚釣りが好きではなくなった。いや逆かもしれない。その時間の釣りをしなくなって、はじめて夜のはじまりの時の大事さに気付いたのかもしれない。

一日の緊張から解きほぐされた山女魚が、のびのびと水面に浮かびでてくる、その短い時間を乱すのは、どうも気のひけることだと思う気持が次第に強くなってきた。私は、私の気持に素直に従いたいのだ。

仲間が夜の闇の底から抜けでてくるまで、じっと待っている。闇の音に耳澄ましている。

黒い森を、夜の空をみつめる。自分の呼吸の様子にも聞き耳を立てる。悪くない気分だった。

ひとつ上の堰堤まで歩き、その脇の石垣に腰をおろした。胸のポケットから出した小型携帯電燈で、水面を照らしてみた。赤い光が当ると、黒い水が不規則に分断され、大きな波のように見えた。光を少し遠くへ向けた。

堰堤の壁を伝い落ちた水は、コンクリート床に当り、少し先で深く抉られた奈落のなかに吸いこまれている。そこに明かりを止めていると、突然一尾の山女魚が鋭くその水面を割って横腹を見せ、素早く反転した。まだ虫を追っている。毛鉤を投げたら、瞬時にくわえこむに違いない。

しばらく前、岐阜の小鳥川で、やはり帰りつかない仲間を待って、橋の下、遠くの水銀灯の光が僅かに当る水に、毛鉤を流していたことがあった。放流したばかりらしい、小さな虹鱒がその毛鉤をくわえようと、水面に出てきた。どんな小さなあたりもとることが出来た。

ほとんど闇に近い、黒い水の表面、その動きを私は右の手にしっかり感じることが出来たのだ。いや、感じたのは魚の動きではない。水の動きなのだ。

少しばかり深みのある淵尻の流心を毛鉤が流れる。小さな波頭と、その谷間を上下しながら進む毛鉤の動きが竿と手に伝わってくる。

昼間、目が見えている間、そうした動きを手が聞きとったことなど、これまでに一度もなかった。

水面に出来た、ごくごく小さいおうとつを、毛鉤がひとつひとつ丁寧にトレースしていく。

その動きにほんの少し異質なものが現れる。

魚が毛鉤に当ったのだ。いとも簡単に、虹鱒が釣れた。これほど鋭敏に水の動きを、手が、体が感じとったことはない。柔らかな調子の竹の竿を使っていたせいもあるだろうが、それにしても、その増幅された感覚の冴えが驚きであり、同時に不気味でもあった。中途半端に目が見えることで、自分の感覚がどれほど鈍らされているものか、よく分った。とはいえ、これを釣りと呼んでいいかどうか、私には分らない。

反転した山女魚は相当な大物に見えた。毛鉤を投げたい誘惑があったことは確かだったが、結局私は石垣の上から腰をあげなかった。もし毛鉤を投げて、山女魚が出ても、出なくても、あまり後味のいいものではないだろう。先程までの落ちついた気分をきっと台無しにしてしまうに違いない。

改めてもう一度、この川に来ればいいのだ。

私はそう決心して、周囲の樹影に携帯電燈の光をもう一度当て、それから闇のなかにまた座り続けた。

芦川扇状地を登ってくるとき、背後に広がっていた巨摩山地の夕暮れ風景、桃源郷末端のそれを私は闇のなかで思い出した。

その夕暮れは、信じられないほどの洗浄力をもっていた。盆地の端に夕焼けの光が降り注いでいた。金色の空の下で、全てが紫から黒の色のなかに流れこんでいた。農道を帰る母子の姿も、道脇の道祖神の祠も、全てが紫の後背を背負って輝いて見えた。地獄図絵は地上のどこにももはや存在しない、そんな気分に浸ることが出来た。

夕暮れに心が傾くのは、当然のこと、自分がそれを受け入れやすい年代にさしかかっているということを意味するのだろう。しかしそれは淋しさとは無縁だ。昼があって、今の夕暮れがある。その後の夜があって、前の夕暮れがある。この夕暮れの時間を、しっかり生きたいと考える。

夕暮れ空の下で、全てのものが神聖に見えた。村のたたずまい、往来の人、水田、山、森、川、そして鳥も山女魚も。全てがゆったり呼吸している感じだった。余裕が感じられた。

夕暮れを失った生活はやはり貧しい。

以前は私にも、たっぷりの夕暮れ、たっぷりの呼吸があった。茜色に染まる川面をみつめて、風に吹かれ続けている時間があったのだ。公園の野外レストランで食事をしている、そんな夕暮れだってあったのだ。

つい昨日のことのように思い出される。いつからその余裕が消えてしまったのだろうか。

私は自らの手で、夕暮れを彼方へ追いやったつもりはない。いつの間にか消えたのだ。

陶淵明の言葉を思い出す。「園田の居に帰る　五首」のなかにある。

「久しく樊籠《はんろう》の裏《うち》に在りしも　復《ま》た自然に返る得たり」。鳥籠のなかで暮らしてきたが、やっとまた自由な境地に帰ることが出来たと。私もその自然が欲しい。夕暮れのなかの山女魚。それを目にしていられるだけの余裕をもたねばならない。闇のなかで、心が躍っていた。

それからほんの少しの日が過ぎて、私はまた芦川を訪れていた。高萩、地蔵堂、飯田。ところどころの葦の間に毛鉤を流し、川を遡り、本郷であの夕暮れ川への道に入った。

その枝川の名前は寺川。釈迦ヶ岳と三方分山の谷間、標高九〇〇メートルあたりからはじまる大ゾウ沢と、その東ちょうど甲府精神湖有料道路、精神湖トンネル入口あたりからはじまる標高九五〇メートルのサドウ沢が一挙に下って、標高七〇〇メートル地点で合流する。それから下の流れを果して川と呼んでいいものかどうか、その日もやはり迷ってしまった。

あのときの堰堤に出た。草の背は僅かに高くなっていたかもしれない。夏の匂いが空気の全てに満ち溢れていた。

考えていたより、流れの幅が広く、一瞬間違えたかと心配した。しかしコンクリート壁に見覚えがあった。その壁面基部は、左岸、右岸ともに完全な形で残っているが、水が落ちる中央部が欠け落ちた感じで、そのあたりだけが自然石のように、ぎざぎざした切り口を見せている。

壁面から連続している床面の、コンクリートの厚さは、水中だからはっきりしないが、およそ十センチほどの厚さに見える。その下、その奥がすっかり空洞になっている。想像するに、工事完成の頃はその床面まで礫や砂の堆積があったのだ。大きな出水のせいか、徐々に洗い流されてか、その後の年月のうちに、とうとうその砂礫は流失して、まるで深い湖のような水中空間が出来あがったに違いない。

奥の深さは分らない。多分、相当の深さ。

毛鈎を投げた。湖の奥から山女魚が走りでてきた。それも四、五尾一斉に飛びだしてきた。

毛鈎はコンクリート壁の基部に突き当り、薄い水膜の上に落ち、そこから五十センチほど無機質な建造物の汚れた床を滑って、地中湖の縁に達し、そこから急にゆったりと、水草の見える湖の中心に向いはじめたばかりだった。

水は透明だった。山女魚の幼魚斑が全部読みとれた。暗部からいきなり空の青さを映す明るみの中に躍りでたというのに、少しの躊躇いもなく、先頭の一尾は毛鈎に突進し、寸分の狂いもなく、それをくわえた。

まるで虹鱒の飼育池で、その鱒の群れのなかに、何かの餌を落したときの感じだった。

大物だった。山女魚は毛鈎に唇の一端を縫われたまま、その深く小さい地中湖のなかを全力で走りまわった。

あの夜、水面で反転した山女魚かどうかは分らなかった。毛鈎に追いつけなかった残りの山女魚たちは、一瞬の混乱の後、素早く、洞窟の奥の暗がりのなかへ姿を消した。もう出てくることはないに違いない。一日一尾の釣り。それにしても誰が信じるだろうか。地中湖の奥から山女魚が、青空の映る中心部の水面をじっとうかがっていて、虫が落ちると同時に競争で飛びでてくる、その光景を。

何となくユーモラスだった。人間が作りだしたミニチュア湖のなかで、山女魚はそれなりの生存法をみつけだし、生き抜いてきた。

私にはそれが放題に見えた。生き放題、死に放題。桃源郷にふさわしい山女魚だと思った。

「いと小さき壺と云えどもまんまんと汲めどもつきぬ水をたたえる」山崎方代の歌が聞こえてきた。

今年六月。突然の暑さがやってきた日の午前十時。中道町七覚、役小角開祖という古刹円楽寺を訪ねて、山崎方代の墓に詣でた。

誰が手向けたものか、徳利や酒壜が、新しい卒塔婆の前に置かれていた。甘い酒精を頼ったかなぶんが十数匹も集まっていた。

それから長い登りに汗し、日陰山を左に見ながら右左口峠に出、足下の沢を目で追いながら、また芦川へと下っていった。峠から桃源郷、甲府盆地を振り返った。その風景は、夏の雲と靄のなかに隠れていた。何も見えなかった。

芦川はまさに葦の川だ。梯《かけはし》から地蔵堂へ下った。丸石道祖神のほとり、橋の袂《たもと》に不思議な卒塔婆を見た。双股の木枝表面をかんなで削り、そこに戒名を書きこんだものだった。少年から老婆までの名を読むことが出来た。長さ五十センチほどの木片が何本も束ねられて、差し掛けられていた。いつもの芦川だった。

あの山女魚のことは、誰にも話さないでおこう。もうしばらく。桃源郷山女魚に、更に長い時間、放題させてやりたいから。

今も変らぬ思い出の富士川左岸
——雨河内川［山梨県］

雨河内《あめごうち》川への入口は、それほど見分け易くはない。車の場合、うっかりしていると見過してしまう。富士川の支流第一の川は、南アルプスの水を集めた、早川。その合流点に、対岸から常葉川が入ってくる。

富士山をとりまく外周山の最高峰、標高一九四六メートルの毛無山からの流れだ。常葉川の方が多少下流なので、完全な十字にはならないが、それでも、それぞれ上流の砂土を押しだして築いた、白く広い河原の景観は、見応えのあるものになっている。

常葉川は富士川左岸寄りの川として、芝川、佐野川、芦川などと並び、釣り人によく名を知られてきたが、この名前より、下部川と言った方が、通りがいい場合もある。

富士川への合流点、波高島より上流一・七キロほどのところ上之平で、常葉川と下部川がまた合流している。このふたつの合流点から富士川までの間の名前は、はっきりしない。常葉川ということもあり、下部川と呼ぶこともある。

ふたつの川は、同じ毛無山を源頭としている。常葉川は、はじめ北へ向い、次第に西へと、円を画くように進路を変える。下部川は最初南西へ、それから西へと転じていく。

毛無山から見ると、丁度真西に当る方角でふたつの川が合流することになる。北側の常葉川は、更に上流で栃代川と反木川に別れる。南側の下部川にも、一本支流が入ってくる。雨河内川。何という美しい名前だ。普通、川の字は読まない。ただ雨河内。

これがたまらない。

雨河内川源頭もやはり毛無山中腹。水は常葉川と下部川のまんなかを、西へ向って流れていく。毛無山は樅《もみ》や栂《つが》の針葉樹と、椎や樫などの常緑高木が混じりあう、深い森の山だった。

下部川、常葉川、その周辺。それは私の、少年の日、青年の日の土地。苦い思い出と甘い思い出がいっぱい詰っている。

上之平で国道と別れ、常葉川を渡る道は、すぐに身延線下部駅の脇を抜け、湯の町へと登っていく。

駅を過ぎ、ほんのしばらくで雨河内川。

この川の流程は短い。三キロあるかどうかだ。下流部一キロほどの間に人家が点在しているが、その数は決して多くない。

最下流、最初の人家の下から流れに入る。

こんなところに雨子がと思う、全くの里川なのだが、この釣りが楽しい。

勿論、春先からずっと釣り人と知恵比べを続けてきた魚たちだ。生き延びる術は十分すぎるほど身につけている。それが対手だ。

小さな魚付石を丁寧に探る。ぴしりと水面で音がして、雨子が毛鈎をくわえる。

遅い午後、流れにかぶさる青葉の匂いが、少しばかり濃密になる時刻、ひとりでこの川を歩いている気分は悪くない。

思い出にたっぷり浸りながらの、気楽な小沢歩き。ウェーダーも履かず、足の裏で水の感触を味わいながら、ひんやりした空気のなかに潜りこんでいく。口笛吹きつつ……。

雨河内川をはじめて見たのは、十三歳、中学二年生の、夏休み終り頃だった。

夏休みに入ってすぐ、私は富士山に登った。

今思い出しても、苦しく、そして楽しい旅だった。富士吉田の駅から歩いて、浅間神社境内で飯盒炊爨《はんごうすいさん》し、それをもって吉田口登山道を登っていった。現在のように、五合目まで乗り物の入る時代ではない。全くの、根元からの歩きだ。

馬返しで怪我をした。雨のなか、林檎の皮を剝こうとして、肥後守《ひごのかみ》で左手中指の先を、ざっくりと切ってしまった。爪に刃がくいこんで止まった。傷跡は今も消えずに残っている。

なかなか血の止まらない指先を持て余しながら果てもない道を歩いた。

七合目の石室に泊った。混雑と傷の痛みで眠りは浅かった。夜明け前からまた登りはじめ、八合目で、不毛の石肌を朝日が純紫の色に染めあげるのを見たあと、霧の出はじめた剣ケ峰に立った。

帰途は須走口を下り、途中の大雪渓トラバースで、一緒に歩いていた仲間のひとりが足を滑らし、長い滑落をするという事故があったりして、予定よりだいぶ時間を費してしまっていた。うんざりするほど長い下り道を黙々と歩いた。

富士吉田から大月へ出る電車に間に合わせるための強行軍だった。寒い山頂から下界へおりて、その熱気に体中が茹《う》だりあがった。

身延線鰍沢口駅で解散となり、私はまたそれから長い道のりを歩いて家路についた。

途中、富士川の橋を渡ったところで、暑さに耐えきれず、そのまま服を脱ぎ捨て、川に入ってしまった。しばらく心地よく泳いだ。

疲労しきっていた足を、急激に冷やしたためだろう。足裏が一挙に腫れあがり、激痛が襲ってきた。

靴を履けないまま、這うようにして家に辿りついた。そのまま動けなくなった。

急性のリューマチということだった。それからのほぼ一ヶ月、私はただただ泣いて暮らした。激痛は昼も夜も無差別に襲ってきた。

睡眠不足でふらふらになった。いいと言われることは全てした。馬肉を足裏に貼るという治療法も試みた。何の効果もなかった。

リヤカーに乗せられて、八月の末、私は下部温泉に行った。足を悪くした少年に残された、最後の希望の光りだった。

母は何となく、下部温泉本通りの古い湯治宿を嫌って、下部川最下流の川岸、赤松の林のなかの洒落た宿、下部ホテルに私を連れていった。明るい、大きな湯船につかって、混浴の温泉を楽しんだ。久しぶりに少しばかり心が晴れた。

今も下部温泉は足を患う人の湯治場として名を馳せている。温泉の中心地に「湯の権現」と呼ばれる熊野権現神社がある。桃山時代の建物と言われる、その本殿の柱やら雨戸やらには無数の落書きがある。回復を願う言葉が書き連ねられている。

この湯の権現に奉納された杖を供養する祭りが春の五月、下部の町を賑わす。不思議なくらい効果的なのだ。

私の足は、この温泉滞在で治った。一歩も歩けなかった足がみるみるうちに回復した。

私は本通りの方まで散歩に出掛けられるようになった。途中、橋を渡る。川の合流点が見える。大きな石斑魚の動きまわる姿が見えた。

それが最初の雨河内川だった。

井伏鱒二氏が、この雨河内川で、遙か昔、雨子を釣っている。

「今度また私は雨河内川へ行って来た」

昭和二十四年(一九四九年)に雑誌に発表された「雨河内川」の書き出しだ。声に出して、この一行を読むと、私はいつも、首筋にちりちりと戦慄めいたものを覚える。いや恐ろしくてではない。心地よくてだ。

あめごうち、というその響きに、体中が震えるのだ。〝かわち〟では駄目だ。

上高地もかつては、神河内。これほどに美しい名前はなかなか思いつくものではない。

山陰の旅で、鹿足河内川《かのあしこうち》の名を知ったときも感動した。心が弾んだものだ。

その雨河内。川の説明はこうだ。

「雨河内川は下部川で、下部川は富士川の支流である。富士川の末梢の一つといふわけだが、割合どっしりとした大岩がいっぱい川のなかにころがり出て、飛び飛びではあるが淵も相当なものがある」

道は右岸につけられている。しばらく人家近くを走った道は、やがて坂上へと登っていき、川との間に落差が出来る。護岸の壁になっている。

そこを過ぎると、道と川筋はまた接近し、岸辺の雑木の向うを走る車の姿が、ときに目に入ったりする。その道は栃代へ抜けることが出来るものだが、私はまだその奥まで行ったことがない。

また少しずつ、水面と道との間に高さの差が現れて、やがて背の低い堰堤に出る。このなかの雨子を見て、釣りはひと区切り。

道に上がって、その後の方策を考える。もし絶好調なら、そのまま続けて釣りのぼるし、まあまあというところだったら、下部川へと転進するのだ。

雨河内の釣りは、いつも下部川との抱き合わせとなっていた。雨河内から下部川へ。湯の町へ入る。温泉街の中心地、下部川にかかる橋を渡ってすぐの奥筋にあるのが源泉館。名前が示すとおり、下部の主だ。

大学に入った年の冬、高校時代の友人とふたりで、この宿に泊った。友人の母親が、この源泉館主人筋と近い親戚関係にあり、便宜を図ってくれたためだと、朧気に記憶している。

私たちはそれぞれ布袋いっぱいの米をもって出掛けていった。源泉館、現在の当主は、石部久氏。私たちと同年の人だ。

その当時は慶応の大学生。多分、私と同じ一年生だったと思う。部屋に遊びに来て、参禅の話など聞かせてくれた。ずいぶん大人っぽい感じに見えた。釣りの話をした記憶はない。

彼がすっかり都会の人間になっていたせいだと思う。石部久氏の父親は釣りをした人のようだ。「雨河内川」のなかに、その人が登場する。

「いつも泊る源泉館といふ旅館にはいろんな雑誌を購読する若主人がゐる。……この宿の若主人は山女魚の釣りが好きで、この前のときも雨河内川の釣場へ私たちを案内してくれた。無口な、おとなしい青年である。ちゃうど二十年前に私は源泉館にはじめて行き、下部川ではじめて油鮠の釣りを覚えたが、いまの若主人は五つか六つの頑是ない子供であった筈である」

年齢を考えると、少し不自然なところもあるのだが、この若主人と呼ばれる人が、石部久氏の父親ではないかと思うのだ。

「その後、十年ぐらいたってから一度この宿に行き、また十年ぐらいたってから、最近ではたびたび出かけて行くやうになった。私の持病である足痛を、この旅館の温泉でなほすためだといふのだが、これは自分自身に云ひきかせる口実で、大半は山女魚釣りが目的である」

私たちの源泉館泊りは、持病の足痛を治すためでも、山女魚を釣るためでもなかった。

全く目的はなかったと思う。ただ私の友人はとても文学好きの青年だったから、瀧井孝作とか、亀井勝一郎とか、井伏鱒二とかいう文人が来て泊った宿に自分も身を置き、その雰囲気に浸りたいという気持があったのではないだろうか。原稿用紙をもってきていたのかもしれない。

私はただ漫然と時間を過しただけだ。滝のように聞える川音が耳について、なかなか寝つけなかったことだけを今も覚えているに過ぎない。

湯の町を抜け、点在する家々を過ぎ、すこし登りにかかった道の途中、右下に見える川へ向っておりていく脇道がある。それをおりきって、小橋を渡る。

これより下流も悪くはないのかもしれないが、温泉街に近いせいもあって、何となく近寄りにくい。この橋から上流、六〇〇メートルほどを釣ることになる。

水はとろりと流れている。左岸の石垣壁の存在が邪魔にはならない。井伏鱒二「手習草子」のなか、「私の膝小僧」に、この石垣が出てくる。

「往還の片方は山裾の崖で、片方には石垣の下に大きな岩やゴロタ石で谷川の岸がつづいている。その石垣は飛びおりるには高すぎた」

特別見映えのする大物ではないが、山女魚は白い横腹をきらめかせて、毛鈎を追いに出てくる。素早い動きだ。

小橋の下を潜り抜けると、狭い水路が二本に別れ、葦の小さな中州が現れるのだが、ここも石垣の際を釣り続けて、やがてゆったりとした瀬に出る。背の高い河原雑草を掻き分けて釣りのぼると、突然、前方に巨大なコンクリートの壁が見えてくる。

何とも異様な光景だ。

あちこちの山中で出会う巨大堰堤には、その周囲の山と森の深さと、もう悲しいことにそれに馴らされてしまった目のせいで、私はそれほどに威圧感を覚えなくなっている。いや覚えずにいようと無視出来るようになっている。しかし、この下部川の堰堤には驚く。

どこか変なのだ。気に掛かるところがある。

毛鈎を追っているはずの目が、どうしても、その部厚く、何となく要塞を印象づける、黒い壁に向けられてしまう。吸い寄せられるのだ。

そのわけに、やがて思い当った。

大抵の場合、山中の巨大堰堤は、その幅いっぱいに水が流れている。滔々と、あたかも自然の滝に似ていると、見れば見えなくもないという感じで水が落ちているものだ。

飛沫が上がり、話し声をかき消すほどの水音がしている。大きな淵を作っている。上流の川幅と水量の豊かさを想像させる。それが普通なのだ。

しかし、この下部川の堰堤は違う。左岸のごく細い帯だけが水。いや水量がひどく少ないというわけではない。現にそこから少しばかり下流で、十分山女魚釣りに興ずることが出来るのだ。水についての不満はないのだ。

ただ壁を伝わって落ちているその水は、どう見ても細い帯。あとはコンクリートの肌が剝き出しなのだ。この高い壁が著しく集中力を殺ぐことは確かだ。

下部の温泉町の標高は二五〇メートル。下部川最奥の部落、甲州を代表する民家のひとつとして有名な門西家のある、湯の奥が標高四五〇メートル。その間の距離はせいぜい四キロほど。四キロで二〇〇メートルの高度差。これは大きい。

きっとこの巨大堰堤は、大雨のとき、水勢を弱めることだけを目的としているのだ。となると、この堰堤いっぱいに水膜が張られるのは、年に数日、ということになるだろう。あとは剝き出しの黒壁を空しく天に向って聳えたたせ、その一角を細い滝水が落ちていく風景をさらすだけの日々。

この大壁の上部は、またしばらく深い谷底の流れが続き、再び堰堤となる。それを過ぎると、押しだされた砂礫が堆積した広い河床原となり、細い流れが続いて、やがて湯の奥の部落に達するのだ。

私の足は今もまだ、少年の日の後遺症を引きずっている。左右の腓腹筋の筋力がどうしても違っている。これが片方、痛めた方の左足を疲労させ、それを庇おうとする右足を疲労させる。そんなとき、どうしても下部の湯、そして源泉館を思い出してしまう。

「源泉館の共同風呂は怪我人たちの社交場の観がある。毎日、いつも怪我人たちが集まって来て、お互いに顔見識りになってゐる。ながいこと湯につかって、四方山の話や身の上ばなしをして時間を消してゐる。二時間も三時間も湯につかってゐる人もある。自然、お互に親しくなるが、かげ口をきいたりするやうになることもある。小さな一つの社会が出来あがってゐる」

源泉館も、下部の温泉街も、下部川も、雨河内川も、井伏鱒二の山女魚釣り時代と今と、それほど大きく変っていない。思い出が少しも古くならない土地、それが富士川左岸の山裾一帯なのだ。

井伏鱒二「手習草子」には、更にまた、常葉川水系より一本北にある川、久奈土川というのが登場する。「疎開者不漁」という題名になっている。

二万五千分の一地形図を見ると分るのだが、くなどと書かれた駅名はあっても、地名としてはそれは登場しない。しかし確かに、その地は久那土と呼ばれていた。ただ久奈土という文字が使われていたという記憶はない。

久那土駅の前を細い川が流れている。井伏鱒二が久奈土川と呼んだ川だが、実の名は三沢川。その流れの対岸に奥杯という部落がある。これはおくなどと読む。

くなどという言葉は、焼畑と関係があると言われている。大林太良編の『山人の生業』に興味深い文章が出てくる。

「南アルプス山麓では輪作の三年目を『クナ』と呼ぶ。……この『クナ』は『道の饗《あえ》の祭の祝詞』に見える、『八衢《やちまた》ひこ・八衢ひめ・くなどと御名は申して……』の『くなど』の『クナ』に通じていると思われる。『クナ』は侵入禁止を意味する『来勿《くな》』であり、『クナドノカミ』は『来勿処の神』すなわち、境にあって、敵や、不可視の病魔・悪霊の侵入を防ぐ神だった」

焼畑民俗語彙としてのクナ。久那土や奥杯の地形を見ていると、うなずける感じがする。

この一帯の部落名は、割子、大道、開持、店向などと難しいものばかりだ。

「電車が久奈土駅にとまったとき、故障か何かで暫く停車した。駅の裏の山裾に山吹が咲いてゐた。もう青葉山女魚である。いつか私は久奈土川の川かみへ釣りに行ったことがある」これは「雨河内川」のなかの一節だ。

三沢川は上流で、南寄りの三沢川本流と、北寄りの樋田川とに別れる。今は堰堤と護岸の淋しい流れになってしまっているが、かつてはそこに雨子が棲みついていたのだろう。

私はこの久那土川、いや三沢川で山女魚釣りをしたことはない。しかしその川の様子、付近の景観はしっかり覚えている。ここも思い出の土地なのだ。

十六歳、高校生だった。

三沢川の最下流に、鴨狩《かもがり》津《つ》向《むぎ》と呼ばれる部落がある。幕末の頃というから、もう一世紀以上も前のことだが、各地に侠客と呼ばれる男たちがいたらしい。駿河に清水次郎長、甲州に黒駒勝蔵、この名はよく知られている。

甲州にはもうひとり侠客がいたと言う。その人も同じ時代に生きた。そう、鴨狩津向で。

甲府の高校に入って、私はこの津向からやってくるひとりの少年と知りあい、友人になった。どこか風変りなところがあり、それが魅力でもあった。彼は孤独で、特別の友人をもっていないらしかった。

ある日のこと、私は彼の家を訪問した。彼は自分の出生を、本気とも冗談ともつかない調子で語った。彼の話しぶりは、いつもどこか投げやりなところがあり、私はそれが気になっていた。自分は侠客の血を引く人間なのだ、と彼は言った。古く、大きな家のなかに、レコードが山と積みあげられているのが驚きだったが、それがまた全て浪曲というのも、更に奇異な感じだった。私は彼の話を嘘とも本当とも見分けられないまま、黙って聴いていた。

私たちは川の畔を歩いた。彼は自分の生活が常に脅かされているものだと言った。自分の運命に深い絶望の気持を抱いているように見えた。とんでもない話だと思ったが、夢のような話だとも私は考えていた。

それからしばらくして、彼は突然、転校してしまった。名古屋の方の、名も知らない高校へ移ったらしかった。本当に彼は何かに脅かされていたのかもしれない。

私には全く思いもよらないことだったが、彼は子供の頃から、そうした理不尽を常に身に受けて育ってきたらしかった。

音信が絶え、いつか彼のことを忘れかけていたのだが、冬に入ったある日、彼から手紙が届いた。帰郷する、そうあった。

それからしばらくして、彼の母親から連絡があった。彼が自殺した、という知らせだった。

自宅に帰りついた彼はすでに毒物を服していて、庭の井戸の前で倒れていたというのだった。私は自転車で鴨狩津向の村へ出掛けていった。鰍沢から富士川沿いに月見橋まで南下、橋を渡って、楠甫、岩間と出て、また畑地のなかを南へ下り、鴨狩の部落へ辿りついた。幻想と現実とが混じりあい、それが本当にあった出来事なのか、今も信じられなくなったりする。冬の夕暮れ、私は彼の家に辿りついた。何と言っていいのか分らなかった。

彼と歩いた久那土川、いや三沢川で釣りをしたいとは思わない。昔も今も。

富士川にはいい橋がいくつもあった。鰍沢の町から下流へ、富士橋、鹿島橋、月見橋、峡南橋、富士川橋、飯富橋、そして富山橋と続いて波高島、下部の地に出る。

少年の頃は、山が荒れていたせいで、出水が多かった。台風の季節になると、橋は皆流され、それぞれの橋下に渡船が用意された。

仮橋が出来あがるまで、平底の船で川を渡るのだ。私はこの渡船に乗っている時間が好きだった。

その富士川とほぼ平行する形で、甲府富士間を繋ぐ鉄道、身延線が走っている。ただ、鰍沢から、雨河内の波高島までは、線路が川から離れ、左岸の山中に入ることが多い。

水運に頼っていた鰍沢の町は、その鉄路開設の際、将来を見通す目をもたなかったことが原因してとり残されたのだった。

久那土で三沢川を越えた電車は、すぐ下部隧道に入る。その先の駅が市之瀬。ここから次の駅、甲斐常葉にかけて流れているのが、反木川。その南から入ってきて甲斐常葉駅で合流するのが栃代川。私の追川釣り場のひとつだったところだ。

栃代川の源流部に、今、〝山女魚の里〟と称している栃代の部落がある。山里の、人と山女魚が共生出来るとなれば、悪いことではないが、ただ人が一方的に山女魚を経済の具として使おうとすると、いずれ淋しい結果を招くことになると思う。つきあいの難しいところだ。

反木川の上流は信じられないほど深くて、これを登りつめていくと、また二本の沢に別れる。一本は本栖湖の、中の倉隧道上あたりまで行ってしまうし、もう一本は北寄り、上九一色村に近い釈迦ヶ岳へと辿りついてしまう。国道三〇〇号線は、九十九折れの悪路で、日光いろは坂どころではないという感じだが、これはもともと中之倉を越えて、本栖から郡内地方へ抜けていく古道を拡幅したものなのだから文句は言えない。

十三歳、中学生のとき、この難路を辿って、本栖湖へキャンプ旅行をしたことがあった。

市之瀬の駅から歩きはじめて、古関の部落を目指す。蒟蒻《こんにゃく》玉が赤土の斜面のあちこちに見える景色だけが楽しみの、辛い登りだった。

足下に反木川の谷底が見えるのだが、その先の上流側を見ると、ただ果てしもない黒緑の山があるばかりで、全く気が遠くなるような思いをしたものだ。

古関で反木川に南の沢、釜額《かまびたい》からの水が合流する。その河原で私たちは白く乾ききった石に腰をおろして休んだ。

すぐ近くの丸畑の部落は、あの木喰五行明満、微笑仏を彫りながら、長い旅をした男、木喰上人の生地なのだ。

丸畑は国道から更に細道を入る。丸味を帯びた、名も知らない小山が連なっている。

微笑仏の、あの丸みは、この故郷の山の形にも一因があるかもしれない。そう思えなくもない風景だ。全てで五十戸ほどの家が、その日向の山肌、あちこちに階段状に配置されている。

いや、その頃、私が木喰を知っていたわけではない。私たちは丸畑という魅力溢れる部落がすぐ近くにあることも知らず、古関の河原でただ肌をこがし、辛さだけを味わっていたのだった。

古関から中の倉へ向ってしばらく行くと、右側の山へ向う道と沢が出てくる。これが釜額への道だ。今は、民宿村として名をあげたところだ。この合流点を過ぎると、いよいよ中の倉だ。道はそこから難所になる。もうどうにもならない。やっとの思いで峠を越え、長い隧道を抜けると、突然、本栖の湖と富士山が眼前に広がっていた。

その日の夕暮れ、私たちは全ての苦労を忘れ、鰻のためのさげ鈎（置き鈎）を仕掛け、岸辺に寄る追川を手拭いで掬って楽しく遊んだ。帰りの苦労をすっかり忘れている感じだった。

私はまだ反木川上流を歩いたことがない。

古関からしばらく登ると照坂峠に出て、これをトラバースすると、久那土の三沢川筋へ抜けられるのだが、このあたりはいつか、また丸畑を訪ねる日のためにとっておくのだ。

そのときは、山女魚がいるかどうか、毛鈎だけはもっていくつもりをしている。

常葉川本流筋、栃代川、反木川は、私にとっては追川釣りの川だった。今は、それを山女魚の川として眺め直してみたいと思っている。

雨河内川の遅い午後の匂いを鼻孔の奥に吸いこみながら、そう考えていた。

井伏鱒二氏の雨河内川と、私の思い出の雨河内川と、そして今、目にする雨河内川はみな同じものなのだろうか。変っていないようにも見える。本当のところは、私にも分らない。技術と科学は、僻地の全てを変えつつある。この雨河内の山の奥も、決して例外とはなり得ない。しかし本当に変っただろうか。

なにしろ、私の思い出も、すでに三十年の時の経過だ。変っていておかしくはないところで私は、私自身は、その三十年の間で変っただろうか。いや、うまく自立出来ただろうか。

自信はない。ただひとつだけ確かなものを身につけることは出来た。私なりの信仰心だ。

人の顔をもたない神、即ち山、森、川、そして鱒と昆虫。それらが私の心から離れていくことはもう決してないと思う。私はそれを放すことはないと思いたい。

自然の全てに、そして自然と上手に共生する人工のあれこれに、微笑仏のやさしさを見ることが出来るようになった。

勿論、地球的規模の破壊が、紙一重で存在していることは知っている。微笑仏も、あっという間に吹きとぶかもしれない。未来が薔薇色でないことは確かだ。しかし、私としては、時が変えた自然の、そして人工の世界の奥には、やはり不変なものがあると信じている。それへの信仰心はもう薄れることがないと……。

出合いの橋の上に戻った。土手下の旅館の玄関に水を撒いている人の姿が見えた。雨河内川、下部川双方に、みるみる夜気が迫ってきた。白銀灯の明かりが急に強く輝きを増した。変ってはいないのだ。何もかも。

人工都市と自然との共生――小矢部川［富山県］

標高三七五メートル地点の橋脇にあったものは大きな廃屋ひとつ。かつての小学校。二階建て。その狭い軒下に入って、降りだした雨を避けながら、私は先糸《リーダー》を作り、6X、細めの先端鈎素に気に入りの鹿毛石蚕毛鈎《エルクヘア・カディス》を結んだ。

赤錆色の胴に、脱色して白味を強めた茶色の鹿毛羽根、＃14。中振りだった。

高い軒から、白い雨が糸を引いて落ちていた。しかし、長い間じっとしている気にはなれなかった。川に靄が立ちこめはじめている。

濁りは出ないと思うけれど、とにかく早く山女魚の顔を見たい。橋の上手、左岸から流れに入った。

いい感じだった。水量も、そして石のつき具合も。背後に枝を張った樹々が迫っているが、投射しにくいというほどのものではなかった。

平坦な、黒い石が作りだしている白泡の帯が、流れの中央にあった。泡の端は少しばかり黄色味を帯びている。全くの透明というわけではないが、これは雨が落ちこむせいだ。

白泡の縁を毛鈎は、雨に少し速度を殺されながら流れていった。無造作にそれに跳びついたものがいる。山女魚だ。竿もつ手に、ずしんと振動があった。すっかり気分が軽くなった。

雨が心持よいものに感じられた。掌を滑って、山女魚は暗い水へ帰っていった。それから上流へ二五〇メートル。大きな堰堤までの間、左岸だけを私は釣った。小矢部《おやべ》川、富山の川。六月中旬、午後三時。

雨は降りやまなかった。

地図を見ている。五万分の一の「下梨」。これで小矢部川を見ていくと、三七五メートル地点には五軒の建物印があり、一番下流側の建物に小学校マークがつけられている。

中河内という地名になっていた。

二万五千分の一地形図には、その中河内の地名も建物印もない。五万分の一の方は、明治四二年測量昭和四五年編集とある。古いのだ。かつてはここに集落があったということを地図は語っている。

下流に刀利ダムがある。水面を見下ろす、見晴しのいい場所に、石碑がひとつあった。

懐郷、という文字が大きく刻まれ、その下に更に、上刀利、下刀利、瀧谷、という名前があった。今はダムの底に沈んでいるのであろう。

中河内の部落が消滅し、小学校が廃校になったのも、おそらくそのときだと、私は推測した。懐郷。刻んでおきたい、その気持が分るような気がしたが、そこを去った人たちの気持は、遙かにそれを越えるものがあったに違いない。

中河内に野営するつもりの旅だったが、その前に冷えた体を暖めようと、ダム下の部落、網掛にある老人福祉センター温泉へ行ったのが誤り。心地よく風呂につかるうち、今夜の宿はここと、あえなく野宿の決意は潰えてしまった。

温泉つきの老人福祉センター。いかにも富山らしいな、福光の町らしいな、砺波の地らしいな、と私はその思いがけない一夜の幸せを素直に喜ぶことにした。

富山から金沢、そして福井。日本海の沿岸を旅しているとき、いつも思うことがある。

それは、この地を裏日本と呼んで、本当にいいのだろうか、ということだ。

太平洋岸には、今、確かに巨大都市が帯状に繋がり、人口が過度の稠密さを見せている。首都もある。それが表と呼ばれることの大きな要素なのだろう。しかし、表とか裏とかは、その面している対手があっての対比だ。

勿論、太平洋と日本海、どちらも面しているのは海だが、その先にある国との接触感は少しばかり違うように思える。太平洋岸はあまりに茫洋としている。大陸ないしは異国との繋がり気分が希薄なのだ。

ところが北海道、九州、山陰の日本海側では、どことなく、異国の、そして大陸の匂いが風に乗って届いてくるという感じがする。北陸の地も同じだ。

日本海の岸に立つと、すぐその先に大陸があるように感じられるのだ。その大陸との交流は、遙かな昔から盛んだったはずだ。いや今だって……。

北陸の地には、何とも言えない充実感がある。太平洋岸の都市や町には感じられない存在感がある。裕福な感じを受けるのだ。一日は二十四時間なのだと、心から思えるのだ。

こちらの側が表だ、私はそう考えている。もし外国から旅人がやってきて、日本の表の顔を見たいと言ったら、まず北陸の地を案内しよう。私はそう決意している。

北海道から山陰まで、私は日本海側の、落ちついた、そして完成された雰囲気に愛着を覚えている。

私は山梨県に生まれた。その私は果して太平洋側の人間なのか、日本海側の人間なのかよく分らない。勿論、今は大都会東京に暮らしている。しかしだからと言って、私が太平洋側の人間とは限らない。心の奥に潜んでいるに違いない荒野の呼び声に耳を澄ましてみるのだが、大都会の騒音に邪魔されてか、その声の発生地を突きとめることが出来ないのだ。

送られてくるサインはある。

鮭と鱒、鹿と狼、鷲と鷹、岳樺と化粧柳、山毛欅と春楡……。そうしたものが殊更好きだということ、旅や放浪に心が騒ぐということ、南風より北風を心地よく感じるということ。それらのことを考え合わせると、私の正体はどうやら日本海側人間ではないかと思えてくるのだが……。

東部シベリアから黒龍江流域、沿海州そして朝鮮半島。この島国、本州の日本海沿岸から北海道、そしてサハリン。内海を囲む輪が出来あがる。ひとつの文化圏のように見える。

そこは鳥居龍蔵の世界。私はそれに親しみを覚えている。

山女魚を求めて、あちこち旅しているうち、特に胸に響く川と土地があるということに気付いた。どうやら荒野の呼び声にも強弱があるらしい。強く響いた土地、川を点と線で結んでみる。マークは日本海側に集中していた。

確かに私の生地は、あの大地溝帯《フォッサマグナ》の上。そこを流れるのは富士川、太平洋へ向う川だ。

しかし遠い先祖はもしかしたら、日本海へ注ぐ川の上流域に暮らし、ある時期、山を越えて富士川縁に移動したのかもしれない。

いやきっとそうだ。そうでなければ、何故私の心が日本海側に傾くのか、説明がつかない。私は常に憧れの心を抱いて、日本海へ注ぐ川を旅している。日本海側、それこそ表日本だと思っている。

北陸自動車道、小矢部インターチェンジから、小矢部川への道は、砺波平野の西端を通っている。町は福光。まさに迷路だ。

砺波平野全体について言えることだが、地上は全くの迷路。鳥になってみなければ、このラビリンスのなかから抜けでる道はみつけだせない。

地形図を見て、自分の進むべき道を指で辿り、それに色をつけ、おずおずと進む。そうしないと、自分がどこにいるのか分らなくなってしまうのだ。

この地は散居村。西の小矢部川と東の庄川。

その間に開けた広大な平地。点在する散居を繋いで、さほど広くない道路が網の目のように張り巡らされている。

人の生活は、家が集まり、部落を作り、そこから周囲の耕地や山地に働きに出るというのが、まずは普通のパターン。部落は村となり町となり、やがて都市となる。

しかし砺波は違ったのだ。

孤立した家が、耕地のなかに点在しているのだ。集落とは呼べない。アメリカの西部農耕地帯、あのアイダホなどの風景と少しばかり似たところがある、そんな感じだ。散居には屋敷林がある。カイニョウと呼ばれている。どんな文字が当てられるのか、私は知らない。

典型的カイニョウは、次第に少なくなっているらしいが、それでもその屋敷林が、南面と西面に厚いものであることがすぐに分る。

北の風を防ぎたい。これは一般的な防風林。ここでは南の風を恐れている。

南側の樹林は皆、背が高い。杉、欅《けやき》、樫の高木。西側も同じだ。それらに混じって、榛の木などがある。北西の隅に竹林。排水の場所となっている。

東側に入口がある。北寄りに柿、無花果、胡桃、栗、梅などの果樹が植えられている。

屋敷の中心に母屋がある。東北側に納屋、南側に蔵。それが典型的なカイニョウだ。

小矢部川沿いの町、福光と城端は、人家が密集していて、散居は崩れているが、その周辺には今もカイニョウを見ることが出来る。

しかしそれらの家を見ていると、屋敷林のレイアウトが少しばかり違っていることに気付く。きっと車のせいだ。

公道から、散居の家に辿りつくまでの田の畔がすでに幅広いものになっている。耕運機や車が通るのだから当然だ。更に屋敷のなかに駐車の空間を作らねばならない。少しずつ屋敷林に変化がおこっているのだと思う。

多少、規模が小さくなっているとはいえ、やはりこの、畑中の屋敷林は目を引く。美しいだろうか、と私は考える。青田のなかに、白壁と飾り棰《たるき》を重ねた大きな母屋、その背後に高木の並ぶその風景。悪くない。

私は想像してみる。車が道路に入りこまなかった時代のカイニョウの村。きっと美しかったに違いない、と思う。そして今、目の前の風景は……。

神社が点在している。八幡神社が多いようだ。寺の数より神社の方が多い。大事な点だ。神社の多い土地、そこには必ずいい山女魚がいる。私の目安なのだ。

鞘堂のなかにすっぽり納った、美しい神社があった。深い雪から身を護ろうとしてだろうか。はじめて見たが、いい感じだった。

屋敷内の土蔵を見ていると、屋根の下に大きな隙間がある。雪の日の明かりとりかなと考えてみる。やっぱり冬、旅しなければいけないのだ。山女魚釣りの旅は春から夏に集中して、遅い秋や冬を知らない。北陸の冬を知らずに、その生活を考えることは危険だと承知しつつ、私はそれでも思いを巡らしている。

このカイニョウのある生活ぶり、暮らしやすかっただろうか。孤立している家、日の光を遮り、暗さが感じられる家。本当のところはどうだったのだろうか。

旅人の目には美しく見える。懐かしく見える。しかしここを故郷とする人たちの、本当の思いはどんなものだっただろうか。

福祉センターの温泉、目の前の男たちの顔を私は飽かず眺め、あれやこれや考えていた。

海抜一五七二メートルの大門山から発する小矢部川本流と、一〇五九メートルの赤堂山から発する沢とが、中河内で出合う。大門山から、この赤堂山へかけての尾根筋は、そのまま富山県と石川県の県境となっている。それはまた山岳修業の行者たちのトレールでもある。これ以上ない奥地ということだろう。二万五千分の一、五万分の一、どちらの地形図にも書きこまれていないが、この出合いの沢の名前は、湯の谷。水量は多くない。その流れに沿って赤堂山へ向う道がつけられている。

この赤堂山一帯で昔は、金、銀、銅が産出されたと言う。何かそれに関係ある道かもしれないが、この奥まで詰めたわけではない。

中河内から本流を辿る場合も、その道はほんの僅かな間、この湯の谷筋を歩くことなる。堰堤がふたつあった。土砂に埋って浅く、もうほとんど役にたっていなかったが、その小さな流れの溜りのなかから、それぞれ一尾ずつ山女魚が出てきた。

孤独に耐えきれず、毛鉤虫と遊ぶつもりだったかもしれない。上の堰堤の山女魚を下に放そうかと、一瞬考えたが、やはりやめて、元に戻した。二尾が棲むゆとりがあるのかどうか分らなかった。

その湯の谷から離れた本流沿いの道は、いきなり強い登りになる。見る間に川は足元遙か下に遠ざかってしまう。通称「瀬戸の長瀞」小矢部峡谷。

その更に上流は、明日の釣り場だ。登りつめた道を私はまたゆっくり中河内へと下っていった。

湯気のなかで私は考えていた。山女魚を釣る旅というのは、何とも不思議なものだ。今朝私は東京の環状七号線、騒音のなかにいた。

そして今は、雨の小矢部川、思ってもみなかった宿の湯につかっている。私は東京を考えていた。故郷というものを考えていた。

私は山梨県鰍沢で生まれ、十七歳までその地で過した。十八歳になって十日目、大学生になると同時に東京で暮らすようになった。

それからもう三十年以上が過っている。東京は出稼ぎの地だとよく言われる。故郷に本貫をもっている人たちが、若い季節、大都会で働き、年とるとまた代々の墓のある土地に帰っていくというパターンは、意外に古くからあったことかもしれない。もしかすると、それが都会の狭い土地に、途方もなく大勢の人が住めた原因かも……。

都市に住むことを罪悪のように言う人もいる。大都会東京に暮らしてみると、この地にしっかり住みつき、この地を自分の理想の世界にしていこうと考える人はかなり少なそうだということが分る。金沢とか京都などを考えると、大都市では、と一般論は言えないのだが、少なくとも東京では……。

道路が汚れていようと、公園が少なかろうと気に掛けようとしない人が少なからずいる。

きっとそこが、仮りの土地だと考えているからに違いない。いずれは故郷に帰るのだ。墓のある郷土に帰るのだと考えている。しばらくの辛抱なのだ。やがて自分もその汚す側につくことに良心の痛みを感じなくなる。

東京に暮らして、もうひとつ気がつくことがある。墓地の少ないことだ。

勿論、墓地にする土地がもはや存在しないということもあるだろうが、墓地の少ないことを本気で心配し、問題にする人が少ないことにも原因があるように思う。

東京を故郷と思う人が少ないということだ。

東京はひどいところだという意見は多い。人の住むべきところではない、脱都会だという人が少なくない。しかしそう言ってしまったのでは、いつまでたっても東京という、本当の都市は出来あがらない。

収入の場所を大都会に求めながら、その都会から遙か離れた田舎、山女魚の里、あるいは山野、そうした美しい風景の地に家をもつというライフ・スタイルがある。

多分、その美しい土地は、都会にはない閑静さ、素朴さ、懐かしさがあったのだろう。しかしそこでは多くの収入は期待出来ない。働くのには大都会の方が好都合だ。というわけで都会と田舎、ふたつの暮らしをはじめることになるのだろう。

折角閑静だった土地、素晴しい山野に人が集まる。小さな土地を所有し、広々とした、多少なりと自然の残っていた野原に垣を作り、緑を削っていく。原野が少しずつ消えていく。

美しかった原野のなかに、都市の雛形が育ちはじめる。

土地を所有することと、暮らし、生活することとが同一であるとは考えたくない。

人がそれぞれ心を土地に執着されることなく、一代ずつの契約借地で暮らそうと決意していたら、今のような土地問題などおこらなかったはずだと思う。小さな土地を所有し、満足する、その不思議な慣習から人は抜けでることが不可能なのだろうか。

私は東京を故郷と考えたい。いや思っている。旅をし、それぞれの土地に本当に処を占めている人や森や山女魚を見て、また東京に帰る。そう私の故郷へ。それで十分だ。

大都会東京が故郷だとしっかり認識したとき、その硬質な風景のなか、混乱のなかに、心の安らぎとは言えないまでも、何かしら、ほっとした気分を味わうことが出来るようになってくる。帰ってきた、と思う、あの気持だ。

その気分は、出稼ぎの土地と思いこみつつ暮らす場合にも、もう住むべき場所にあらずと見切りをつけた場合にも味わうことが出来ないに違いない。

勿論、私にとっての原風景というものはある。山梨、鰍沢とその周辺がそれだ。しかしそれと故郷とは違う。

幼年時代の原風景や過去に馴染んだ景観と、故郷とを同一視することは出来ない。

私の故郷は東京。東京が裏切って、私をその故郷から追い立てる日が来る可能性がなくはない。それは一向にかまわないのだ。別の土地に生きて、私は東京という他郷を懐かしく思い出すことになるだろう。しかし、私は自ら、東京を離れたいとは思わない。

あちらこちらを旅し、山女魚に出会い、また東京へ帰る。少なくともその生活に不満はない。不満は山女魚の里の変質である。都会の風がその土地にしみつくことである。

私は何度も何度も湯船に身を沈め、耳に入ってくる、在の会話を楽しんだ。雨は少し弱まりかけていた。

翌朝、早起きして、中河内の上にあがっていった。瀬戸の長瀞を抜けると、標高五〇〇メートル地点でやっと川と道との高さが同じになった。そこから釣りはじめた。水の流れ、石の配置、何もかも申し分なかった。岩魚が心地よく毛鈎をくわえた。さすがに山女魚の姿を見ることは出来なかった。

山毛欅の大樹の下で、岩魚の口から鈎を外した。その魚は流れから逸れて、蕗の葉の下に潜りこんだ。大きな葉を掻き分けると、細い沢水がそこに流れこんでいるのが見えた。

岩魚はそれを遡るつもりだったのかもしれない。少しばかり心配しながら、それでも私は笑った。何となく嬉しかった。心地よく首筋の汗を拭いた。雨雲は森の頂きに僅かにかかっているだけだった。

足元の岩石に、小指の先ほどの大きさの紅玉が散りばめられていることに気付く。まるで瑪瑙《めのう》を見ている感じだった。子供の頃、父の仕事机の上に置かれた沢山の瑪瑙を見たことがある。印材やら宝飾品やらだった。

その鈍く沈んだ赤色と、奇妙な縞模様に心ひかれたことがあったのを思い出した。あたりが急に明るさを増し、やがて陽が差しこんできた。いかにも七月らしい暑気を帯びた風が吹きはじめた。

山法師の花弁状の総苞片が緑一色の林のなかで、居心地悪そうに不透明な白さを見せている。深い谷底から立ちあがった水木の高い梢の上を、名前の分らない白い蛾がしきりに飛びまわっている。道脇の枝先に蟷螂《かまきり》の卵嚢が黄茶色に薄く汚れてぶらがっている。

その先で山桑の実が熟れ、奥に紅葉苺のオレンジ色の実が見えた。沢の根方には、二輪草がまだ白い花をつけていた。

山の風景だった。溪流を歩いているのだという気分が、くつくつと心のなかに広がりはじめる。この気分がいつもたまらなく好きだ。

この気分が湧いてくると、それまでこわごわ歩いていた石間を、何となく大胆に歩けそうに思えてくる。自信が出てくるのだ。

もうどこまでも、この川を遡行していきたい気分だった。

道は渓に沿って登りつめ、やがて標高九九〇メートルの、その名もブナオ峠に出る。

その峠を越えると、道は庄川の里へと下っていく。

以前は、今朝の入渓点あたりに、下小屋と呼ばれる人家があったらしいが、今は何の痕跡もない。峠を越えるまでの間に一軒の人家もないのだ。

無人の渓を歩きながら、私は、下流域に広がる散居の未来に思いを馳せていた。それと同時に、パオロ・ソレリのアーコロジー〈アーコサンティ〉の可能性について考えていた。

パオロ・ソレリはイタリア生まれの建築家。

いや、未来都市を考える造形哲学者と言うべきだろう。そのパオロ・ソレリが考え、作っている都市空間が、アーコサンティだ。

エネルギーは一〇〇パーセント太陽熱利用、車は排除、移動はエレベーターとエスカレーターと足。建物を除いた敷地の九〇パーセント以上が自然景観を残す公園。

アーコロジーは、アーキテクチュア（建築）とエコロジー（生態学）の統合を意味した言葉だ。アントニオ・ガウディも、バックミンスター・フラーも、自分の夢の完成を見ることなく、その生命を終えた。

一九一九年生まれのパオロ・ソレリもまた同じ運命を辿ることは間違いない。

パオロ・ソレリが、アーコロジーの思想を発表し、そのスケッチをはじめたのは一九六三年のこと。もう四半世紀も以前のことだ。

人口三〇〇〇人の都市から二四〇万人の、ノヴァノアIIの大都市まで、パオロ・ソレリは三次元空間の活用による、時間とエネルギー節約の人間居住区を考え続けてきた。

天上と地下、縦に延びた多機能集積建造物。

その周囲に開放された自然は、もし必要とあれば農業のために活用されるのだろう。

パオロ・ソレリは巨大団地を作ろうとしたわけでは決してない。居住地のなかに、仕事場も文化施設も入りこんでいる、全てが機能する〝都市〟を作ろうとしたのだ。

それこそ自然を守る唯一の方法だとパオロ・ソレリは考えた。私も同じ思いを抱いている。

自然を守ろうと、もし考えるなら、どんなことがあっても、人は都市に住む以外にない。

そして、本当の意味の都市が必要になる。

パオロ・ソレリだけが、それを考えている。

自然が好きだ。だから田舎に住もう。それはただの田舎の、そして自然のよさを殺すだけだと考える人は、本当に少ない。

「散居村は豊かな自然を謳歌している」という言葉があった。しかしそれは思い違いだ。

砺波の散居村には自然はない。開発されつくした人工の美、それが砺波平野なのだ。砺波は、縄文人以来、しっかりと人が生活の根をおろしてきた大規模開発地なのだ。人智の蓄積がそこに生きている。

自然は……自然は、小矢部川源流域にある。

富山湾に流れこむ河川の源頭にある。砺波の現在の修景を保存しようという動きがあった。しかしそれは不可能なことだと思う。

何のために何を保存したらいいのか、明確に出来ないはずだ。

日常の暮らしぶりを、ある時点で凍結しようとするのは難しいことだ。

散居村がもし、時代の、生活環境の変化に即応することが出来、なおかつ、その地で最も住みよいものであるならば、黙っていたって、その修景は保存されるに違いない。

もしそうでなかったら、それは日々変化していく。修景の保存など、到底不可能な力で、それは変化していく。

散居という村落の形態は、行政運営の面では面倒があるに違いない。文化を考えてもそれは言えそうだ。しかし個人の住居環境としては、ストレスの少ない、安定度の高いものになっていると思う。それら全てのことは、自然の消滅とひきかえに手に入れたものだ。

言ってみれば、砺波散居村と大都市東京とはよく似た存在なのだ。

小さな土地に都市機能を極度に集中し、完璧な人工環境を作りだす以外に、自然を永続させる道はない。人工と自然は決して対立する存在ではないはずなのだ。アーコロジーを実用のものにするのは、意外にも日本が一番早いかもしれない。いや、意外ではない、という気もする。

現在の、破綻してしまっている住宅事情を考えれば、私たちは才能と財政の全てを結集して、この新しい都市を生みだす必要があるように思えるからだ。

〃私の都市、私の故郷〃と呼ぶにふさわしい生活空間、それを私たちは今すぐに手に入れなければならない。

自然と対決することも、それを破壊することもない人工世界の確立。それに期待するばかりだ。

日本海、〝表〟日本、富山湾。そこに流れこむ川、小矢部川、庄川、常願寺川、神通川、早月川、黒部川。その上流域に本当の自然がある。そこに足を運ぶ喜びを決して失いたくない。岩魚と遊びながら、私は山毛欅の森の渓を歩いていた。

強い日射しのなか、懐郷を離れ、立野脇、綱掛と川沿いにある小部落で鳥居をみつけては、私はそれを潜り、石段を登って道草した。

福光の町の中心、宇佐八幡社の前の食堂が最後の休憩所。パステルカラーで塗られた、その外装は、少年時代に見かけた感じの懐かしいもの。中のつくりも同じ雰囲気だった。

氷を入れた木製の冷蔵庫が置かれていた。

その脇のテレビがニュージーランド、オールブラックスのラグビー試合を中継していた。

大学二年生のとき、オールブラックスの試合を追って京都まで観戦に行ったことがあったのを思い出した。東海道線各駅停車、夜行の長旅だった。駿足のウイングに魅せられていたのだ。

首をもたげて、そのテレビを見ていたら、まるで時が止まってしまったような感じを受けた。いやそれ以上に時計の針は逆転し、とめどもなく、時がスリップしていった。

懐郷の旅。今夜、私は東京にいるのだ。

山之村の風と山女魚と——跡津川［岐阜県］

おお、と叫んで、私は思わず後ろを振り返ってしまった。恥ずかしいほどの大声だった。

小さな山女魚ばかり続いていたから、その手答えが嬉しかったのだ。

白く太い横腹が、水面の上にぬっと出て、両手に、いかにも生きものらしい重みが伝わってきた。

風がさっと水面を掃いた。祝福されたな。

私は山の端に目をやった。朴の木の白い花が杉の森のなかで輝いていた。

山之村で今年はじめて出会った本格派山女魚だった。

六月二十五日。曇り。数時間前、隧道を抜けた。緑一色。道脇右手に地蔵堂があった。

古びたバス停留所のような建物のなかに、三体の地蔵尊が置かれている。伊西峠の石地蔵。雨降りの前の日には汗をかくと言われる天気予報地蔵。三体とも白く乾いていた。

その脇の石碑がひとつ。「是より山野村」と表に刻まれている。

書物に登場するのは、山之村の文字が多い。

意味は山野村だろうが、文字としては、山之村の方がいい。声にすれば、どちらも、やまのむら。これは文字より一層心地よく、耳に響いてくる。

やまのむら、と小さく呟くと、その瞬間、水面で山女魚が、ぱしりと波紋を作ってみせてくれるような気がする。

山之村の山女魚釣り。これを年中行事から外すわけにはいかない。

はじめての伊西峠に立ったときは、ああ、ここが山之村かと思ったが、今では、伊西はやはり、山之村のなかでは、少しばかり異質な集落だなと考えるようになった。

入母屋の藁葺屋根の家が二軒残っている。

打保、和佐府、瀬戸、下之本、岩井谷、それに森茂。山之村を構成する他の集落のどこにも、もう藁葺屋根の家は見当らなかった。

しかし、それだけが伊西を特徴づけているわけではない。伊西の標高は一〇〇〇メートルに近い。盆地の広い縁にある。他の部落は皆盆地の底、跡津《あとつ》川の川沿いにある。

伊西はもとは高原川沿い、漆山側に寄った村、笈破《おいわれ》に属する部落だったと言う。後から山之村に入れられたのだ。確かにそんな感じだ。伊西には牧場があり、牧草の原がある。

いや、それにしても、大事に思っている村の地勢を説明するのは、まるで恋人の衣服を脱がせ、衆人の前にその裸身をさらすような気分がするものだ。少なからず躊躇を覚える。

伊西で一年ぶりの風に出会った。山之村の風。心地よかった。その風が急がせた。下之本へ。

広瀬橋から上流の風景を眺めた。右岸の二本の水木、左岸の赤く染められた石、変っていない。

一年前、五月十日の風景が、目前に広がった。

あのとき、私は赤石を越えて、その先で右岸に渡り、長葉河柳と空木の枝を掻き分けながら釣りのぼっていた。山女魚の姿はなかった。心が焦れて、一度、右岸の崖上に上がろうとした。茨のなかを強引に突破した。ウェーダーに何やら強く当るものがあった。一瞬嫌な予感がしたが、そのまましばらく、崖線に沿って歩き、その先で、気を入れ直して、また川におりた。

ゴルジュ帯とまではいかないが、岩が狭まりはじめていた。右足を水中深く沈めた。いきなり冷たい感触が膝のあたりを走った。

やっぱりやっていたのだ。ウェーダーに穴だ。しばらく、そのまま釣りのぼった。靴下がすっかり濡れていくのが分った。

いい機会だ。休みをとろう。橋に戻って、ウェーダーを脱ぎ、穴をみつけて修理しよう。

私はまた崖上に登り、草地を抜けて、しっかり舗装されている村道に出た。春、真盛りだった。目の前の白いアスファルト道に黒い矢が走り、私の影を追いこした。思わず空を見上げた。低空で鳶が滑空していた。その嘴が何か、黒く大きなものをくわえている。

いつものことだが、私は強者の鳶に味方していた。狩りに成功した猛禽類は美しく見える。狙われたのは鼠だろうか。鳶は道の右側、更に高い地点を走っている新道の草付き法面の上を飛んでいた。そして次の瞬間、ふいに鳶は捕えていた獲物を嘴から放し、そのまま下之本部落の畑地の方へ滑空して行ってしまった。獲物はゆっくり、春の空の下を落ちていった。

私はその獲物から目を離さず、しっかり落下点を確認した。法面のかなり上の方だったが、好奇心が勝った。道脇に大振りの地蔵尊があった。その際に竿を置き、草付きの急な土手を登った。目を落下点から離さないようにして、急いで登った。

探すまでもなく、その獲物はすぐに、みつかった。油で汚れた、古い軍手だった。なるほど、納得。きっと、上流、瀬戸の部落のどこかでこれをみつけ、掠めとり、空中に運びあげたのだ。そしてすぐ、それが獲物でないことを悟って放した、というわけだ。

へまな鳶。私は笑った。

しかしその灰色の汚れきった軍手を見ると、確かに野鼠に見えなくもない。寺田寅彦の「とんびと油揚」を思い出した。遙か昔、教科書で、この話を読んだ。鳶が視覚によって鼠を見極めるのは、とてもの難事であるはず。嗅覚に頼っているのではないか、地面の獲物の匂いが、上昇気流に乗って、鳶に届くと考えるのはどうか、という話だった。

油揚ならいい。しかし古い軍手となると、嗅覚説はだいぶ怪しい。私は軍手の上に鼻をつけて、匂いをかいでみた。土の匂いと油の匂い、それに識別不能な匂いが混じりあっていたが、とても鳶の空腹を刺戟するものとは思えなかった。

草の斜面に立って、もう一度空を見上げてから、私はその法面を駆けおりた。地蔵の際だった。そういえば、この地蔵は、別名滑り地蔵。下之本の子供たちは、地蔵に腰かけ、草の斜面を滑って遊んだものだ、という話を聞いたことがあった。私もそうすればよかった。

橋に戻り、対岸の草地に腰をおろし、ウェーダーを脱ぎ、靴下を脱ぎ、ズボンを脱ぎ、それを次々に地面に並べ敷いた。

裸になって草の上に寝ころび、春の空を見上げた。こんな時間があっていいものだろうか。風が裸の肌を撫でていった。

今、あの日、あの時の風を思い出している。

鳶の羽を上下させる、あの風のことを考えている。去年と同じ橋脇の叢へ腰をおろした。

今日は全くの曇り空。すぐに雨が降りだすという心配はなさそうだったが、青空は望めそうもない。

風は、その白い空の下を静かに吹いていた。

六月の風。音はない。しかし間違いなく、風は吹いている。黙りこくって川を見ていると、それがよく分るのだ。
　私は風の言葉に耳傾けている。
　山女魚釣旅、至福の時だ。今は、言葉が溢れ過ぎている。多弁な時代。私はいつも沈黙に憧れている。まして旅のなかでは、風の言葉を聴くだけでいいと思っている。
　宮沢賢治、レイ・ブラッドベリ。言葉をしゃべる風についての物語をいくつか思い出す。
　そしてもうひとつ、いつの間にか暗誦してしまった風がある。
「たとえ　わたしが死んでも　わたしは　死なない　わたしは自由な風になって　佐保子の美しい髪をなで　哲也のテニスの球と一緒に走り　登さんの自転車のあとを追う
　お父さんとお母さんの間にすわって　子供にかえって　あまえる
　大好きな田中さんちへは毎日行って　桜の葉をゆすったり　白いカーテンの間からしのび込み　コンチワ　いって　弘子さんをおどろかす
　たとえ　わたしが死んでも　わたしは死なない　愛する人たちのまわりを　いつもいつも　やさしく　吹いていたい」
　この風になった人は、会津若松に住んでいた坂井恭子という名の故人。一九八六年の秋。私は東京銀座の喫茶店、ウエストの、名曲の栞のなかに、この詩をみつけた。題名は「風になって……」。

大勢の人が風になっているに違いない。風がひっきりなしに話しかけてくるのが、そのなによりの証拠だ。このまま、風の言葉に聴き入っていようかと、一瞬迷った。いや、そうもしていられない。山女魚が待っていてくれるのだ。それにも早く会いたい。

様子の分っている下流にまず入ることにした。

下之本一軒だけの宿、中井の前を過ぎ、畜牛舎の前も過ぎ、神明神社まで来た。そこから川に入るつもりだった。

山之村は部落ごとに神社をもっている。この下之本の神明神社は、神さびていて、威厳がある。台輪鳥居でありながら、亀腹なしというのも珍らしかったが、更に本殿がとても不思議な形をしていて、それがなかなか魅力的なのだ。本来は本殿ではない付属建物であるはずの大炊所とか、神厩とかいう感じの造り。切妻造妻入りで、正面中央が扉になっている。大鳥造あるいは住吉造なのかとも思うが、はっきりと分らない。美しかった。

境内左手に信じられないほど径の大きい古杉があり、根元に注連縄が掛けられていた。

鎌倉杉とあった。境内右手に不思議な石塊があり、これにも注連縄が掛けられている。

立札には、黒華石とあった。

神社の前の畑で、青年が働いていた。仲田彦一さん、二十三歳。黒華石の説明をしてくれた。

私は川へおりるのを忘れ、畑の畔に座って話しこんだ。

かつて、この村には重要な生業があった。蕨粉だ。山地斜面を覆う蕨の根を掘りおこし、それを村にもち帰り、木製の樽を使い、水を掛け流しにしながら、その根を打ち砕く。

繊維の間に貯えられていた澱粉が、その樽のなかに沈澱する。精製された上質の、白い澱粉は、接着剤となる。唐傘の傘紙を張る際の糊だった。

一九五三年頃、塩化ビニール接着剤が登場し、あっという間に、この天然接着剤は駆逐されてしまったというわけだ。

この澱粉精製過程で出来る、不純物の多い粗悪な澱粉を、食用とした。

黒い粉で作った饅頭、いや団子、これを黒華と呼んだのだ。囲炉裏の火のなかに入れて焼きあげると、その硬い表面がひび割れ、内の軟らかな部分が噴出して溶岩のように固まる。黒華は溶岩。境内の石は、その形によく似ていた、というわけだ。山村の文化を忘れないための神石。山女魚石。

仲田彦一さんは、今、菠薐草《ほうれんそう》作りをしている。順調だと話す彼の顔を風が撫でていった。

その菠薐草畑の脇を歩き、崩れた石垣を乗り越え、護岸の蛇籠の上に出た。昨年の春は、対岸の蛇籠脇の溜り水のような小さなポイントで二尾の山女魚を釣った。手前の流れに人がいたのだ。

今は、釣り人の姿がなかった。好場所が続いている。しばらくは小さな山女魚ばかりだった。そして出たのだ。銀白の横腹が水面の上に出てきたのだった。

私は、思わず、おお、と大声で叫んでいたのだった。

今朝は、跡津川の最下流を釣っていた。

はるばる旅してきた気分を満喫させてくれるほどに魚は出た。ただそれは全て雨子だった。不満ではなかったが、やはり山女魚を見たい、と心のなかでは思っていた。

うっすらと濁りが入っていた。前夜から続いている雨のせいだろうか。跡津川橋から見た水量は、いつもより少しばかり多めだった。

土《ど》という名前の部落から、川沿いに登る。三七八メートル地点から、有峰湖への本道と別れて、川に近く私道がつけられている。それを七〇〇メートルほど入ったところから、毛鈎を投げはじめた。

雨は小降りになり、そこから一キロ先の、三井金属発電所につく頃には、すっかりあがっていた。濁りは、その放水管から入ってきていた。その上流は全くの透明。雨を少しも苦にしていなかった。本当の川だ、私は思った。

午後の釣り場、上流の山之村の風景が頭をよぎった。

跡津川下流域の山は、本当の森だ。大きな樹冠の重なりあったその下は、まるで夜と変りないほどの暗さを保っている。恐ろしさを覚えるほどの深林だった。

ペーターの『ルネッサンス』を翻訳し、『山と溪谷』を書いた、田部重治氏が、明治四十二年の七月、有峰、薬師岳行の折り、この道を歩いていた。

「土と云うところについたのは二時頃であった。そこは有峯から五里と云ってゐるところである。ここから道は、高原川の支流跡津川について登って行く。美はしい流れは藍のやうに色深く、伐材は筏に組まれて盛に流されてゐる」

「道は深林又深林の中を進んで、溪流の音が絶えずその間に響いてゐた」

跡津川の森と溪谷は、かつて田部重治が目にした状態と今と、少しも変っていない。

風光は相変らずの素晴しさだ。

跡津川は不思議な川だ。上流域と下流域が開けているのに、中流域に人の手がほとんど入っていない。

有峰湖への道はあるのだが、跡津川を詰めて山之村へ入っていく道はないのだ。登山道はある。標高四六〇メートル地点から川を離れ、尾根にとりつき、青木峠を抜けて、下之本下流へ出るルートだ。しかしこの道を歩く人はめったにいない。

跡津川上流部は、山村川と呼ぶのが本当なのかもしれない。下之本の部落にかかる広瀬橋のプレートには、下之本川とあった。

いずれにしても、その流れが跡津川の源流域なのだ。上流から、打保、和佐府、瀬戸、下之本と部落がある。それにもう一本の枝沢沿いにある岩井谷の部落と、今はなき下山村の部落を加えた六郷を、かつては山野村と呼んでいたらしい。

今から三五〇年ほど昔のある冬、下山村の人々は、火種を失い、一村全員凍死したという。

今も笹藪のなかに、かつての田型の跡をとどめているとのことだ。酷しく、淋しい村だったのだ。

現在の山之村は、その下山村のかわりに、森茂と伊西という、沢筋の違う二部落を加えての七郷で構成されている。

山之村は山間小盆地。他の地域、即ち有峰、双六、神岡、漆山へ抜けるためには、全て峠を越えなければならない。山吹峠、から尾峠、岩苔峠、青木峠、笈破峠、伊西峠。別世界にならざるを得ない立地条件である。

今は、神岡の本町との間に、激しい九十九折れながら、冬期も閉鎖されることのない道路が確保されていて、山之村が孤立するということはない。とはいえ、やはり秘境だ。

かつてこの山之村が脚光を浴びていた時代もある。鎌倉時代から、江戸中期まで。立山登拝の人々が、この山之村を歩いていたのだ。

山野口留御番所が廃所になったのは、一七九〇年（寛政二年）のことと言う。下之本神明神社の杉が、古道の盛衰を見てきたのだろう。かつての、この栄光の道は、今また、大規模林道として、開削の手が加えられようとしている。いずれ双六谷、金木戸へとそれは通じることになるらしい。

蛇籠の護岸部分が終ると、両岸の樹々の枝が迫りだしてきて、静かな谷になる。しかし決して明るさを失ってはいない。風が来る。

ふいに谷全体が何か匂っている感じがして、私は思わず足を止め、あたりを見廻し

た。

まるで砂糖を焼きこがしてしまったような、甘苦い匂いが、空気のなかに籠ってい
る。

広葉樹の入り組んだ両岸には、その匂いのもとになるらしいものを発見することは出来なかった。その匂いに包まれたまま、私はしばらく、川のなかに立ち止まっていた。もう午後だいぶ遅くなっていた。

ひとりでこの溪のなかを歩いている気分は何とも言えなかった。

いつか私にも死がやってくる。次の瞬間かもしれないし、明日なのかもしれない。一年先なのか、二十年先のある日のことなのか分らない。しかしいつかは来る。そんな恐ろしい日が必ず来ることを知っていながら、私はまるで、そのことに少しも執着しないまま、心安らかに溪を歩いている。五感の全てを解放して、水のなかを彷徨《さまよ》っている。信じられないほど、すごい。私はそう思った。

心臓のまわりの筋肉が、ぶるぶると震えるのを感じた。

またたびの、あの不思議な白さに区分された葉が目に入った。そして、はたと気がついた。そうだ、空木の花が匂っているのだ。この匂いは、空木の花から出ているに違いない。

前方を見る。両岸に白い花が見える。

背の高くない叢木の枝いっぱいに花が咲いている。背後を振り返る。やはり白い花が見える。空木の谷だった。野生なのだろうか。

それとも人の手になるものだろうか。

私は毛鈎を納めて、岸に上がった。低い枝の先の、白い花に顔を寄せた。顔が、いや体中が、その甘い匂いのなかに溶けこんでしまった。間違いなく、これが匂いの原因だ。

それにしても渓全体が、これほど強く匂うとは……。空木と梅花空木と混じっている。

そのうえ、谷空木も。その紅い花があまりに鮮やかに見えて、私は思わず、偏光眼鏡を外して、その色を確認した。開花直前の蕾の赤がまたすごい。桃色ではない。紅の色だ。

どこで見たものより、赤色が強い。この高原盆地のなかに紫外線がことのほか強く降りそそいでいる。その影響か、と本気で考えたりした。

私は匂いの強い空木の白花と、鮮やかな紅色の谷空木の蕾を手折って、ヴェストの胸ポケットに納めてしまった。ああ、もうこれで桜を手折る人を責めることが出来ない。山女魚も同じかな……、と考えながら、左岸の一枚岩を登った。面倒はないと思ったのだが、気がついてみると、板状節理の上に私は居た。

常磐緑の苔を一面につけた、垂直の石の下で、飛沫が激しく上がっていた。これはおりられない。引き返して右岸に出ようと、後ろを振り返った。川面に濃い靄が立ちこめていた。その上の空間が、淡い柑子色に輝いている。雲の奥に、西日があるのだ。その位置が思いきり低い。見とれてしまった。苔の大岩の上に腰をおろした。

風がふっと通り過ぎた。空木の匂いが一瞬弱まり、立ちこめていた靄も急に薄くなった。

隠れていた岩が水面に姿を見せた。

靄がまた集まりはじめる。それを消そうと風が吹く。岩が三つ、四つと数えられる。もう雨の心配はなさそうだ。伊西峠、石地蔵の予報は当ったらしい。

石の上で私はぼんやりしていた。もう十分釣りしたような気分になった。足元の苔を見ていた。緑色の触手の先に水の膜が張られる。

小さく光る。そして輝きはじめる。光りの粒が次第に大きくなり、低みにある次の触手の先にそれが乗り移る。そして更にまぶゆい玉になる。それが揺れる。次の瞬間、宝石より遙かに美しい、その透明水玉は、落下して、消えていく。また次の水膜が触手の上に張られている。同じことを繰り返し、繰り返し……。私は飽きることなく、それを見ていた。

一日中、見ていられそうだった。いや、あの恐ろしい日がやってくるまで、ずっと見ていることも出来そうだった。

何を考えているのでもない。ただ、水の流れ、水滴の動き、靄の生成消滅。それを目で追っているだけ、心が静まりかえっている。

この時間が私は好きなのだ。生来の怠け者かもしれない。私はそう思った。

周囲を見廻した。そして思い出した。

仲田彦一さんは、畑地の縁に近いあたりの杉は、確かに植林したものだが、奥の杉は原生のものだと言った。確かに古木は多かった。しかしそれらの杉も、やはり人の手によって作られたものだと私は考えていた。仲田彦一さんの時代には、すでにその森に入る人はいなかったかもしれない。しかし、それ以前、ずっと以前、きっと、それは人の手によって育てられていたのだ。

跡津川中流域、下流域の山と、この山之村周辺の山とでは、雰囲気が全く違う。蕨の根を掘り、その澱粉を食糧とし、生業の糧としたとなれば、相当の山肌に火入れをしなければならなかったはずだ。

一度、火入れをしたら、地味の回復にまた長い年月がかかる。広い範囲の山が使われ続けたに違いない。一見、手入れが不可能に見える山だが、この山之村地域の山林は、信じられないほど忍耐強い人たちの、唐鍬の跡がその全てに入っていたはず。

それが今、荒々しさのない、ある意味で洗練された山村の風景、居心地のよい、山之村の風景を作りだしているのだ。私はそう思った。腰をあげた。まだ夕暮れまで、だいぶ時間があったが、もう十分だった。

広瀬橋に出て、上流を眺めた。谷の奥に、北の俣岳の裾が見えた。雪田がまだ残っている。〝やまのむらか〟私は口に出して呟いた。これが、山村、やまむら、と発音されたのなら、特別心を動かされなかったかもしれない。の、という字が入って、全てが違ったのだ。

私をこの山之村に運びあげてくれた、金沢の福田学氏は、まだ釣りをはじめる前の、医師インターン時代、森茂の小学校で、流行性感冒の予防接種をするため、役場の車に乗せられて、この山之村に入ったという。それからずっと、彼はこの地が好きなのだ。

二十数年も昔の山之村。どんな姿をしていたのだろうか。

誰かが、二万五千分の一地形図には、山之村という文字は記入されていないと言った。

調べてみると確かにその文字は見えないのだ。山野村、あるいは山之村は、古くから呼びならわされた名称ではあるが、この名は飛騨高原地、高原集落の総体であり、俗称なのだ。

地図には、それは現れない。

神岡町下之本。そう呼ばれるのだろう。しかしそれでは旅人の心は満たされない。やまのむら、の、その音が大切なのだ。それも山野という名前の村ではないことが大事なのだ。山の村。訓読み二音節の間を、の、という話し言葉ふうの軽い音が入っている。

山にある村。口に心持よく、脳裏にまた心地よく、そして胸に心持よい。

山の村、その響きの暖かさ。これこそ山女魚の里だ。明日は、この広瀬橋から上流を釣り、また和佐府の部落の石垣を撫で、打保谷出合いの沢水に触れるとしよう。私はまだ明るいうちに、旅館中井に帰った。

この家の次女、中井美保さんは、まだ中学生だが、岐阜県、いや中部地方を代表する、クロスカントリー・スキーヤー、距離競技の選手だ。まだ成長途中の、華奢な体つきの、明るい少女で、よく台所の手伝いをしている。

すぐに船津高校の選手として、全国大会に顔を出してくるだろうが、この大選手と話するのは楽しい。

山之村を訪ねることの楽しさの第一は、風に出会うこと。これは間違いない。山女魚の上を、樹と花の上を、そして人の上を風が吹いていく。山之村では全てが光輝いている。

空木の花も、鳶も、山女魚も人も。その上を風が吹くのだ。

蕨は勿論のこと、植物は、太陽の光と水と二酸化炭素から澱粉を作りだす。光合成だ。

これがあって、植物は成長していく。しかし、それだけでは不十分なのだ。風の力が必要になる。無風状態のなかでは、葉の表面に目に見えない空気の膜が出来、二酸化炭素の吸収を阻害すると言う。秒速五〇センチメートルの風。微風。これが空気の膜を破って、光合成作用を促進させるのだと言う。矢吹萬寿『植物の動的環境』よりの表を含めた、『風の百科』からの受売りだ。植物の成育に、微風は欠かせない存在だと言う。それは山之村を見ていればよく分る。人もまた草花と同様、この微風がなければ、心地よく生きることが出来ない。そして勿論、山女魚だって……。

仲田彦一の頭の上を、中井美保の体のまわりを風が吹いていく。神明神社の鎌倉杉の上を、菠薐草の畑のなかを、空木の花のまわりを、川石の上を風が吹いていく。微風が吹き渡っていく。私と山女魚はその風に包まれている。私はまだ風を見たことがない。しかし風が好きだ。風の吹かない世界には到底住めないと思う。ただ恐ろしいことに、私の上で風のやむ日がやってくる。それは分っているのだ。とはいえ、いや、なればこそ、私はいつも風に当っていたいのだ。山之村の微風。それにいつも当っていたいのだ。

人の匂いのしみついた、里の大川
——高原川［岐阜県］

蒲田川をしきりに釣ったのは、三十二、三歳の頃。ずいぶんと昔のことだ。わさび平の野営地に天幕を張り、夏の何日かを過したりした。大雨が降って、道路が閉鎖された。数日して決壊した路肩が仮補修され、その道を抜けて平湯へ出ていった。そんな忘れられない思い出もある。

蒲田川の山女魚は素晴しかった。幼魚斑がほとんど消え、側面は全くの銀白色。川に棲んでいるということが信じられなかった。湖の魚ではないかと疑ってしまう。そんな山女魚を、初夏の蒲田川で何尾も見ることが出来た。

高原《たかはら》川支流蒲田川。今も時折りこの流れの際を通る。かつて見た流れと変っていないようにも見えるが、釣りする気分にはなれない。

昔の釣りの思い出を大事にしたいという気持も確かにある。しかし正直に言えば、それが主な原因ではない。噂を耳にしたのだ。

数年前から、この川に釣り人が集まり、釣果の競い合いをしているという噂を。それが嫌だった。

いや勿論、世の中に競争はつきものだ。競技は人間の生存に必要なひとつの刺激。それは承知している。スポーツ・フィッシングという名の釣り競技があり、世界中で多くの人がそれを楽しんでいる。それも知っている。

しかし私は駄目だ。競技というもの自体が好きではない。競争という文字を見ることさえ、何となく嫌なのだ。競い、争う。これは私の最も苦手とするところだ。賭けごとや、スポーツも同じ性質のものだと思う。これが私は不得手だ。運動会も、戦争も私は嫌いだった。

兄弟喧嘩、隣人との争い、仕事上の面倒、全て駄目。全て苦手だ。険しい目付き、激しい口調、私にはそれが武器に見える。

当然のこと、本当の武器は更に嫌いだ。生理的に嫌いなのだ。核兵器からナイフまで、なんだって嫌だ。雨降りの日の洋傘も、あの尖った石突は武器以外の何ものでもない、と、不安になってしまうから、これももったことがない。食事のときのナイフとフォーク。いつもつくづくとその形を見てしまう。グッド・デザイン・コーナーにナイフやフォークがあったりする。やはり違和感を覚えてしまう。

戦いの映画は見ない。テレビも同じだ。仮りにそれが反戦映画であると説明されたとしても、またサイエンス・フィクションなんだと言われても、また時代劇であったとしても戦いのシーンを見たくはない。

争いごとというのは、およそ理不尽なものだ、と私は考えてしまう。私には競いの心が欠けている。男らしくない、と人は言うに違いない。全くのところ男らしくないと思う。

しかし、争うのが男、競うのが男だとしたら、私は男でなくてもいいな、と思う。もうずいぶんと昔、ワイオミング州ジャクソン・ホールに滞在していたとき、リゾートのパブで、ヴェトナムから帰ったばかりのアメリカ人と、私の連れの日本人と三人で話しているうち、話題が戦争と暴力と抵抗ということになってしまったことがある。ふたりとも、私の言葉や態度に、やっぱり業を煮やした。そんなことだったら、お前もお前の家族もみんな殺されてしまう、とふたりは私を責めた。当然そうだと私も思った。しかし私は、私の考えでいいとも思った。

仮りに対手が核兵器をもちだしたところで、私の武器は、樫の杖一本。それでいいと思う。

無抵抗主義だと言う人もいるし、アナーキーだと見破る人もいるだろう。アナーキーと言われるのは嫌ではないが、無抵抗主義と言われたら、それは違うと、私は心のなかで反撥する。私は思いきり抵抗しているのだ。競い、争い、暴力、あるいは戦争のおこらない、おこさない生き方というものを求めて生きようとしているのだ。

国を守る義務があると、人は言った。地域を守り、家族を守り、自分を守る義務があると。

しかし、何から国を守らなければならないのだろうか。国が滅びると言う。しかし滅びない国など、本当にあるのだろうか。問題は、その滅び方だ。人を殺したり、傷つけたりすることの嫌いな人間が住んでいる国があって、それが原因で、その国は滅びた、となれば、それはそれでいいと、私は思う。

武器をもたない国、裸の国があったとして、それを滅ぼそうとする国がまたあるとする。

その結果、もし本当に国が滅びるようなことがおこったとするなら、そんな世界、そんな地球に自分が生きる必要はない。生きるに価する世界とはとても思えない。そう考えればいいと、私はそのとき思っていた。そして今もそう思っている。

私にはどうしても、山女魚や鱒の釣りを競技にし、技や力を競ったり、それを賭けごとの対象にしたりすることは出来ない。

かつて見た蒲田川の山女魚は、そんなことを許すような魚ではなかった。美しいと思った。野性的に見えた。ともあれ、私は蒲田川は釣らない。私の高原川は本流、それも下流の方だ。

この高原川の釣りを教えてくれたのは、当時富山市に住んでいた長田忠氏だった。私たちは富山から、神通川をのぼっていく。川を挟んで旧道と新しい国道、それに鉄道が平行して走っている。

飛騨街道。平地から渓谷に入りかける猪谷までの道は、いかにも古くから栄えた街道筋という感じがする。神聖さこの上なく、それでいて一時悪魔に身を売り、広く世に知られた神通川の名は、そこで消える。河口から三〇キロほどの距離だ。

高山から流れ下る宮川と、笠ヶ岳、黒部五郎の山岳の水を集めて流れてくる高原川とが、この猪谷で合流する。

宮川沿いの道は、越中西街道、鉄道は高山本線。高原川沿いの道は越中東街道、鉄道は一七キロ上流、神岡までの神岡線。その高原川沿いにのぼる。猪谷から二キロほどのあたりで、それまで左岸にあった国道が右岸へと渡る。橋の名は千貫橋。その先が横山の部落。

遙か昔、志賀重昂が『日本風景論』のなか「飛騨に入るの記」に、そのあたりの風景を描写している。

「猪谷を過ぐ、水痛奇山痛奇……水絶怪山絶怪。……すでにして高原川の宮川と会同するところにいたり、一橋を渡り、飛騨の境に入るや、人は恍然として仙寰《せんかん》に上り去る」

一橋、千貫橋。確かにこの橋を渡ると、飛騨に入ったという気持になる。

ここが私の高原川、第一のポイント。千貫橋の両岸は激しく切り立っている。前方、後方とも最高所は、その標高が五〇〇メートルを越える。川のそれは二二〇メートル。三〇〇メートルに近い岸壁の底に川があるということになる。

橋の上に立って周囲を見廻すと、何とも言えない不思議な雰囲気に包まれる。何かが変なのだ。複雑な風景だと気付く。

正体は、横山楡原衝上断層。そう、断層。これが不思議さを生みだす原因となっている。

千貫橋左岸上流側に川へ下る崖道がある。

三〇メートルの高さを、木の根を頼っておりる。広い川幅、巨大な岩盤、この先から見る上流風景は実にいい。どことなく異国的だ。

外国のどこの景色に似ているのかと問われても答えられない。ともかく、目に馴染みのない景観であることは確かだ。国道は遙かな頭上だ。右岸のその垂直の崖線は、水際から数十メートル、ところによっては百メートルほども離れている。それが多分見馴れない、そして異国的に感じてしまう美を生みだしているのだと思う。

釣りに精出して水面をみつめているより、この上流風景を眺めている方が更に楽しいと、本気で思ってしまう。この眺めが私は大好きだ。

この横山の先にあるのが、茂住の部落だ。

志賀茂昂は言う。

「すでにして峡逼《せま》り水窄《せば》まり……乱石堆畳《たいじょう》し、水、石背より下り、飛沫人衣を撲《う》つ。行々半里、山回り、溪転じ、東茂住村に達す」

国道から少し山側に入って、路地脇に一軒の旧家がある。柿下家と呼ばれている。金沢に住む釣り人、福田学氏と北原暢夫氏両夫人の生家。福田、北原両氏ともに本業は医師。この柿下家も医者の家だ。その造り、調度に今も面影が残っている。この家を継いで暮らす人はなくなり、今は隣家の長田綾子さん、暖かい心の婦人が留守を預っている。

福田、北原両氏がこの茂住を訪れる日数は決して少なくないから、人の匂いが完全に消えてしまっている家ではない。

この柿下家に世話になる。宿へ泊るのとも、個人の家に面倒を掛けるのとも違った面白さ、楽しさがあって、最高に居心地がいい。

はじめてこの家を訪れたとき、土間の台所を通り抜けている細い水溝に、一尾の虹鱒が棲みついているのを見た。綾さんの台所仕事のおこぼれをあてにしてか、それとも外から流れこんでくる小さな昆虫を頼りにしているのかは分らなかったが、人にすっかり馴れた鱒だった。腰をかがめて見ていると、いきなり体をゆすって水面に浮きあがり、見事な波紋を画く見せ場を作ってくれた。

家のなかに鱒がいる。それも水槽にではなく、台所を通過する流れのなかに。気分がよかった。

子供の頃の風景、母の生家の東小林の部落が思い出された。胡麻畠脇の小祠と小さな湧泉池。そこから流れだす、畔沿いの細流。清水は部落を貫通する村道の脇の開放側溝を通って、家々の敷地南面、村道に面してとられている大きな池のなかへ導かれていく。

部落のいたるところに、生きている水と石、そして小魚と沢蟹の姿があった。

水溝のなかの鱒には名前はつけられていなかったが、その無名の鱒は綾さんの足元から動こうとしなかった。

茂住のダムの上は牧の発電所、それから続いて漆山。このあたりが高原川、春の釣りの核心部だ。まだ沢筋に雪がたっぷり残っている三月、浮上波紋を作りだす山女魚。乾毛鈎の釣りが可能なのだ。とはいえ、漆山橋下の大淵の釣りは簡単ではない。浮上波紋は対岸寄りの縁際に片寄り、意外な遠投を余儀なくされる。山女魚は孵化する大蚊《ががんぼ》の間でゆらめいている揺蚊《ゆすりか》の蛹虫《ピューパ》を選んで捕食している。糸に繋がれ、不自然な動きをする疑餌になど見向きもしない。熱くなり、夢中になって、時の過つのを忘れてしまう。

この長い淵尻の下で、一度浅瀬となった水は、右岸寄りに集まり、幅の狭い急な流れとなり、少しばかり渓流らしい雰囲気を作りだして、また牧の発電所上の浅淵《プール》へと落ちていく。この淵と渓との境界で、私は思い出に残る釣りをしたことがある。これはもうあちこちで話したり、書いたりしてきた。短時間にそのときほど沢山の山女魚が毛鈎をくわえてくれたことはない。同じような状況を思い出せるのは、やはり岐阜県、川上川での経験一度だけだ。

釣りというのは不思議なもので、ひとたび味をしめると、それが絶対的な自信に繋がっていく。同じ場所、同じ石を釣るとき、二度目、三度目には、前にはなかった根気が出てくる。それがまたいい結果をもたらす。

若い時代の苦い出来事、それに続く不安の日々、とよく似ている感じもある。漆山の釣りは、いつも、期待と不安に満ちたものになる。

更に川をのぼると、二つ屋に出る。左岸正面から、もずも谷、切雲谷《きりも》という急谷が落ちてきている。もずもの字は、何を当てれば正解なのだろうか。通るたび考えてみるのだが、いい文字が頭に浮かんでこない。百舌雲谷。分りやすいが、これはあまりに単純に過ぎる。

この二つ屋からその先の割石までの間も川の屈曲が大きく、心地よい釣り場だ。水面は道路から遥か下にあり、このあたりは鉄道の姿もない。長い隧道のなかを走っているせいだ。難所なのだ。言うまでもなく、そうした場所には、いい型の魚が居付いている。この割石を過ぎると、やがて、鉱山の町、神岡が見えてくる。

千貫橋からこの神岡までが、高原川下流域の釣りということになる。春先、この下流域に釣り人の姿を見ることはめったにない。

頭の隅を蒲田川がかすめる。

競技を楽しむ釣り人がいるからといって、私が気を病むことなどないと思う。そう、私はただ、自分の釣りがその競技の渦に巻きこまれないように注意していれば、それでいいのだ。と言いつつ、私の気分が晴れないのは、山女魚がその競争の道具に使われていることに原因があるらしい。

もういい。私は、私の釣りに没頭しよう。

私は自分の世界にこだわりすぎているだろうか。そうかもしれない。いや、多分そうだ。

私は、私の尺度でしか、ものごとを測ろうとしていない。私は、私の尺度で山女魚を考え、釣りを考え、そして自分の尺度で生きている。私には、自分の尺度の、その振幅の度を測る術がない。ずいぶんとエゴイスティックだと思う。しかし私はやはり〝私〟にこだわるしかない。私の生は私の生、私の喜びは私の喜び、私の釣りは私の釣りだ。

私には、私の山女魚と、私の釣技と、競い心を必要としない仲間があればいい。高原川下流域は、そんな私の気持を十分に満たして春を迎えていた。

神岡の町上半分は、高原川西岸の崖上にある。町並の、その足元に深い谷があるのだ。村や小さな部落が、谷沿いに続く風景は別に珍しくはないが、人口一万四千の町が、となるとあまり聞いたことがない。その人口もこれからは少しずつ減っていくのだろう。

町を越えると川床が広くなり、下流域とは趣きの異なる川の風景となる。山地に入りこんだという気分が強くなってくるのだ。

勿論その風景は洗練されたものではない。しかし全てが洗練される必要もない、と私は思う。山の街道には、山の街道らしい、ある種の荒《すさ》みがある。それも現実だと、私は風景の全てを受け入れるようになっていた。

やがて浅井田の堰堤に出る。この下で一度大きな山女魚に出会ったことがある。最後の詰めを誤って、ぎりぎりと胸の痛む後悔を味わったことがある。

浅井田を更にのぼると駒止橋。双六谷の出合いだ。急流が右岸に流れこみ、神岡より上流で一番迫力のある風景を作りだしている。

更に上がる。杖石、そして笠谷先の赤桶。そこで私の高原川は終る。勿論その遙か上流、平湯の方から高原川は流れてくるのだが、赤桶から四キロ上流あたりで、蒲田川が合流し、その影響がはっきりと川に現れてくるからだ。

蒲田川は温泉帯を流れるせいで水温が高い。それが春まだ浅い季節、この流れに他では見られない良型を求めることの出来る原因となるわけだが、その温い水は高原川にまで影響を与え、杖石上流は、その下流と比べると、水温が一度ないし二度高い。その分、石への垢のつき方が激しくなる。赤桶隧道下は、いつも何尾かの山女魚を手にとることの出来る場所だが、その流れには、下流域のような清浄感は見られない。高原川の釣りは、この赤桶の隧道まで。私はそう決めている。

高原川は渓谷ではない。人の匂いが隅から隅までしみついている川だ。上流域は温泉の湧出によって観光地となり、中流域にはいくつかの発電所があり、神岡という大きな鉱山町をもっている。神秘性など少しも残していない川だ。里の大川、それが高原川だ。

この川の釣りに魅力を覚えたのは、ひとえに浮上波紋を見せる山女魚のせいだ。山女魚は三月中旬、すでに活発に浮上波紋を作り、選択性《セレクティブ》の強い摂餌の様子を見せる。

三月、四月、六月。私の知る限り、川にはいつも浮上波紋があった。ライズする山女魚に毛鈎を投射するときの心のときめき、その楽しさ。釣りの醍醐味はそれにはじまり、それに尽きる、と私は思う。そんな私の釣り心を、高原川はいつも十分に満たしてくれていた。

この高原川で出会った何人かの釣り人たちは、それぞれ自分のスタイルをしっかり確立していた。個性豊かだった。それがとても面白く、また嬉しかった。

前記の福田学、北原暢夫、長田忠の各氏に加えて横山隆道氏がいた。彼も歯科医師だ。

長田忠氏も製薬会社の人だから、考えてみると医療関係者ばかり。横山隆道氏は今は広島に移ったが、その当時はやはり金沢にいた。

北陸の、そして金沢の風と文化が、こうしたところに顔を覗かせている、そんなふうに私は感じられた。

福田学氏は、浮上波紋の場所と時間を推測し、狙いを外さない堅実味が魅力の釣り人だった。北原暢夫氏は、ここぞと決めた場所からは何があっても動こうとしない。磊落な性格がよく釣りに出ていて、一緒にいるだけで楽しかった。長田忠氏は浮上波紋を求めて、ひたすら移動する人。その旺盛な行動力が、確実な情報を常に生みだしていた。そして横山隆道氏。決して面倒という言葉を口にしない人。どんな小さなポイントをも、丁寧に当り、常に最高の釣果を得ていた。

とにかく遊戯としての釣りが、そこではひとりひとりの心と頭脳のなかにしっかり確立されていた。それぞれが、〝私〟をもっていた。

同じ川に立って、それぞれはみな別のことを考えている。それぞれが自分なりのスタイルで山女魚と繋がっている。勿論お互いのスタイルについて、どうのこうの言わない。

そのスタイルが誰にも嫌な気分を与えていない。間違っているという感じも与えない。

お互い、それぞれの流儀を心地よく思い、尊敬しあっている。心持よかった。競いのない世界で時を過す素晴しさを、私はいつもこの高原川で味わうことが出来た。

私はもうかなり昔のこと、ヘンリー・ソローを読んだ。ソローの言葉のなかには、ソローの〝私〟が満ち満ちていた。ソローの〝私〟は大きかった。

ソローは、その著『森の生活』などを通して、自然について、いろいろ語った人と思われている。それは言うまでもないのだが、ソローの本当の価値は、『市民の反抗』を書いたことにこそある、と私は思うのだ。

それが後に、マハトマ・ガンジーやマーティン・ルーサー・キングの非暴力の抵抗に大きな影響を与えたことを考えても、十分に理解出来るのではないだろうか。

「ことごとにたてつくような態度は弱さの態度である。敵に正面を見せて、本当に魅力的なものには背中しか向けていないからである。

君は君自身のことに心を傾けたまえ、ぼくも自分のことだけに専念しよう」ソローは日記にそう書いた。

私はソローの言葉から、「人間よりも雄大にして確固たるもの」が存在することを確信したが、それと同時に〝私〟を大事にすることの大切さも教えられた。川と山女魚と人。それに必要なのは競争ではなく相互扶助。私はそう学んだ。教えてくれた人がもうひとりいる。名前はピエール・クロポトキン。

「まことに幸いなことに、動物界でも人間界でも、競争はおきてではない」「相互扶助と相互支持による競争の排除によって、よりよい状態が創りだされる」

動物間の相互扶助について述べたクロポトキンは、その章の最後でこう言う。

「『競い合うな！——競争はつねに種にとって有害である。競争を避けるための方策は沢山ある！』それが自然の傾向である。……それは、やぶから、森から、川から、大洋から聞こえてくる合言葉である。『それゆえ、結合し、相互扶助を実行せよ！それこそが、各人とそして万人に最大の安全と、生存と進歩の肉体的、知的、道徳的な最上の保障を与えるもっとも確実な手段なのだ』それが自然の教訓である」

競い合うな、その言葉が川から聞こえてくると、クロポトキンは言う。

山女魚と岩魚、そして山女魚と石斑魚が競い合いを避け、相互扶助をしていることは、釣り人なら皆知っている。私の交際相手はそれらの魚であり、それが棲む山の川であり、その川に足を運ぶ〝私〟をもった友人たちである。

競争のない世界である。それを大事にしたいと思っている。人と人との間の最も小さな競い合いも、人と人との間の最も大きな競い合いも、その質においては異なるところがない。もし競い合うことによって、向上が生まれる、という意見をとりいれるとすれば、私はその競争相手に鱒を、山女魚を選ぼう。何故なら、私がその魚たちと競い合って、それに勝てると思える項目は皆無だからだ。

鱒は、そして山女魚は、常に私の上にある。つまり私は鱒を、山女魚を対手にする限り、向上し続けることが可能ということになる。

と考えているとき、恐ろしい言葉をひとつ思い出した。マハトマ・ガンジーが言った。

「完全に自己にうち勝ち、善意にみち、万人への愛にあふれ、そしてすべての行為が愛の法則に支配されている、そんな人がいるならば、わたし個人としては、たとえその人が肉食主義であろうとも、心からの敬意を払うだろう。他方、怒りや色慾にふけりながら、毎日のように蟻や虫たちに餌をやり、生き物を殺さない、そんな慈善家がいたとしても、ほとんど賞讃に値いしない。その人の行為は、精神的な価値をもたない機械的な所作にすぎない。それは、賞讃に値いしないというよりも、もっと悪いかもしれない——なぜなら、うちに背徳をひめた偽善者の煙幕であるからである」

神岡の町周辺で、大型のブラウン・トラウトが釣れたという噂を聞いた。心配の種である。競争が川を下ってくるかもしれない。

横山から二つ屋までが、私に辛うじて残された高原川。その日の到来は意外に早いかもしれない。なにしろ、隆盛のスポーツ、賭けごと。競争はますます力を発揮しそうな気配なのだから……。

松本から、また高山から平湯を抜けて、高原川に達すると、この川が何となく中部地方の表側、つまり甲信ないしは愛知、岐阜地域に属する川のように感じられる。ところが富山から神通川を遡り、この高原川に至ると、その感じは全くない。あくまでも北陸の川、富山の川と思えるのだ。

人は多分、居心地のよい自分の守備範囲《テリトリー》のなかでこそ競い心を満たそうとするに違いない。となれば競争の手も、高原川最下流までは届かないかもしれない。それに期待するとしよう。

猪谷、中山、横山。深い谷底を流れる川。この下流高原川の、春の風景を私はとても気に入っている。漆山の大淵で、浮上波紋の山女魚を前にして、あれこれ毛鈎を取り換え、石の上に座りこんで先端鈎素を継ぎ足したりしているとき、私は心からの満足感を味わっている。

山女魚の奴め、と口のなかでぶつぶつ文句を唱えている。大蚊が小さな渦に巻かれながら岸近くを流れている。その濡れた羽に、にぶい春の陽光が当っている。流れの下方に牧の発電所が見える。そこへ下っていくタイミングを私は計っているのだ。君は君自身のことに心を傾けたまえ、その間に私も私のことに専念するのだ。

普通の山村、普通の川、普通の山女魚

——小八賀川［岐阜県］

乗鞍岳から高山へ下った日があった。新穂高から平湯を抜けて、高山へ向った日もあった。国道一五八号線沿い、目にする小八賀川《こはちが》は、とても釣りの川には見えなかった。雪代の川、そして濁流の川だった。

上流の峡谷部を抜けると左岸沿いに部落が点在しはじめる。何か不思議な雰囲気をもった道が続く。神社がとても多いことにも気付いた。上流に朴の木平スキー場があり、平湯、乗鞍岳がある。単なる観光道路か。それにしては少しばかり様子がおかしい。古い街道といった趣きがあるのだ。いずれにしてもただの道ではないな、というのが、この地、丹生川村の最初の印象だった。

六月下旬のある日曜日。午前。その小八賀川を釣った。駄吉の橋を渡り、左岸の神社裏から流れに入った。型のよい岩魚が出た。雨子がそれに混じった。やがて気になりはじめた。

奇妙なところにばかり魚がついているのだ。

例えば、垂直に落ちている、高いコンクリート護岸壁の付け根。深みに沈んでいる鉄筋剝き出しのコンクリート塊。作業車両を通すための急造の渡渉道際。巨大な鉄管を埋めこんだ水路出口とその上流の溜り。そんなところが岩魚の棲み家だった。

釣り人なら誰だって、こうしたところは無視して通り過ぎたい。緑がしたたり、白泡が心地よく音たてている、無垢のポイントで岩魚を釣りたいと願うに決っている。釣り人の数の多いこの川の岩魚たちにとって、劣悪な環境こそが今や楽園だったのかもしれない。

およそ雰囲気に欠けるのだが、岩魚の出は悪くなかった。いつの間にか対手が岩魚ばかりとなってしまい、私の気持は少しばかり緊張感を失っていた。

法面の張り付け工事をしている現場に出た。日曜日のせいか人の姿はなかった。ユンボも放置されていた。河床が削りとられ、砂礫が右岸脇に高く積みあげられていた。まだ魚が戻っているとは思えなかったが、ともかく毛鈎を投げた。深みの底に見える大石が魅力的だったのだ。黒い筋が走っていきなり毛鈎をくわえた。

岩魚とは違う手答えの、かなりの大物だった。軟らかな竹竿をしっかり立てたが、それを無視するように、魚は投射糸を引っぱり、竿を曲げて、大石の陰へと入りこんだ。強引に矯めることも出来たのだが、私の気持はすっかり緩んでしまっていて、魚のなすがままになっていた。大石の奥脇にぴたりと身を寄せた魚はそれきり動かなくなった。私は位置を変えるでもなく、そのまま、竿に力をこめたり緩めたりしていた。先端鈎素が岩にこすりつけられているのが分った。

我慢すれば、やがて魚が動きはじめることは分っていたが、気持は相変らず緊張感を失っていて、どんなことがあってもその魚の顔を見たいという意欲をかきたてることが出来なかった。私はまた強く竿をおこし、上流へ向って魚を動かそうとした。その瞬間、全てが終った。先端鈎素の先に毛鈎はなかった。集中力を欠いていた私には、あの魚はとれなくて当然だった。大きな雨子だったかもしれない。

その先で掛けた岩魚もとれなかった。急いで障害物の陰に入りこもうとしたり、頭を振って毛鈎を外そうとしたりするのが見えた。気持がすっかり自堕落になってしまっていた。もうそれ以上川にいるのは苦痛だった。旗鉾の橋で道に上がった。駄吉で左岸沿いに回りこむ農道が、この旗鉾でまた川を渡りかえして、国道に結ばれていた。川から見ると、国道は高いところを走っていた。その中腹に杉の巨木に囲まれた神社が見えた。

高山からこの小八賀川沿いの国道に入って、すぐ目につく神社がある。道路脇の一の鳥居からずいぶんと長い参道をもち、奥まって見える丹生川神社だ。その長い参道が郷愁を誘った。少年の頃遊んだ丘陵風景を思い出させたからだ。今、見上げている神社の方は、それに比べて、何とも頼りない感じの小祠だった。

しかし魅かれるものがあった。杜に風格があると思った。農道中途から別れている畑中の道を辿って、私はいきなりその境内に出てしまった。

見上げると、巨大な杉に混じって、栃の木、朴の木があった。境内は極めて狭い。石垣を組みあげ、崖の中腹に無理に台地を作った感じだ。拝殿がその台地いっぱいを占領していて奥へ入りようがない。左手山側を回りこむと、拝殿の裏がそのまま垂直の石垣になっていて、その上にはあがれない。

拝殿を巡っている高床の、その床板が延長され、乱層積の苔むした石垣の上に渡りあげて、橋の役割をしているのだ。不思議な造りだった。

引き返し、拝殿右側を回りこむことにした。

拝殿床縁の、突きでた先端と、石垣の絶壁との間は、ほんの三十センチほどの空間しかない。縁の板につかまるようにし、足を送って裏に回りこんだ。山石を積んだ、狭く小さな石段があり、その上に豪奢な流造の社殿が見えた。小さかった。一間社だ。

ところが、その社殿へ向う石段が連続していない。まるで道の間違いを咎めてでもいるかのように、大きな段差があって、両手を地面に着け、大きく股を広げて、その上に登りあがらなければならない。ひどく謎めいている。

小本殿はふたつあった。巨大な朴の木の根を境にして右手前と左奥。奥の社殿は、まるまる新規に組みあげた石垣の山の上に設けられた高座に祀られている。朴の木の根が張っているところまでで、自然の法面は終っていたに違いない。その先に盛り土し、石垣を組み、本殿を配しているのだ。どうして、そんな無理をする必要があったのだろう。祀られている神は何者なのだろうか。疑問ばかりだった。

長く延びた、流れが造りだす庇屋根の勾配が美しかった。向拝に鉄製の薄い鉾が十数本も打ちつけてあった。母屋、脇障子、階などどれも形どおりだが、組高欄がない。それがとてもシンプルな感じを与えていた。

もひとつ破調があった。向拝の柱と、母屋の側柱とが、何の木か、種類は分らないのだが、ともかく激しく蛇行するS字型の梁で繋がれている。庇と同じ勾配をもつ、この繋虹梁のうねりは、海老虹梁どころではない。

どう考えても蛇、いや龍だ。子供時代、安眠をいつも妨げられた、納戸のあの剝き出しの、曲りくねった梁を思い出した。

向拝柱の斗組の裏側が延びて、虹梁と棰の間の空間を埋めている。斗組正面のすぐ下に突きでた虹梁の木鼻は、獅子の姿に彫りこまれているが、一見これは飾りものをとりつけたようにも見える。

しかし木鼻が延びてきていないわけはないから、やっぱりこれは彫りこんだものなのだろう。鋭い眼光。そして鋭く突きだした前足。

大床の前方左右にも、やはり、阿吽の獅子が座っていた。全くもって、不思議だらけの、そして魅力いっぱいの本殿だった。

奥の本殿脇に足を置いて川を見下ろすと、自分の体が揺れるように感じた。釣りあがってきた小八賀川の流れが、遙かな下に見えた。

手前側本殿の裏は、藪になっていて、そこから国道へ這いあがる道はみつからなかった。

多分、この神社は、拝殿の上に一度上がり、高床の縁を歩いて、裏に回り、その床橋から直接石段上に登りあげるのが正解なのだ。

また崖際を回って私は栃の木の下の境内広場に戻り、そこから出て、左に道をとった。

そこに古い鳥居が見えたからだ。大きさは相当なものだった。急坂を登るのだが、これが雑草に完璧に覆われていて、人の通った形跡がまるでない。古い谷積みの石垣が右手に残っている。この上にかつては大きな建物があったのだろう。その先に鳥居はあった。

明神鳥居だった。笠木と島木の両端の反り、柱の転びとも、強くも弱くもない、ごく普通の感じだった。ただ笠木の上が朱に塗られていたり、六角型の台座がコンクリートで固められていたりで、どことなく不釣り合いの様子も見えるのだが、あの本殿を見てきたあとでは、鳥居に辛い点をつけたくなかった。

その下を潜り抜け、振り返って額束を見た。驚いた。何と金文字で天照皇太神宮と書いてある。

もう一度改めて鳥居を見廻した。そして気付いた。台輪をもっている。柱と島木の間に一枚、白っぽい座が入っているのだ。ということは、この鳥居、台輪鳥居と呼ぶべきなのか。

額束の前に電球がとりつけられている。そして鳥居の前に苔むした一対の石燈籠。狭く、急斜面の参道を逆に歩いて、国道に出た。石碑があった。天照皇太神宮の文字が彫られていた。しかし、どうしてこんな山中の街道に、天照皇太神宮の社があるのだろうか。信じられなかった。あの流造の一間社がそれなのか。しかし、どうして本殿がふたつあるのか。分らないことばかりだったが、ともかくその日、多少の屈託をもって岩魚と遊び、不思議な神社に巡りあえて、私はすっかり満足していた。

午後、旗鉾の村道にかかる橋の上流からまた川に入った。すぐに淵があり、また岩魚が出た。もう岩魚だけだ。登り続けると、やがて流れがふた俣に別れた。右の流れが平湯へ向う国道沿いの久手川、左から入ってくるのが池之俣川、沢之上谷川の流れだった。

どちらも乗鞍岳の雪水を運びおろしてくる。

この地を丹生川村と言うからには、当然のこと、そこには丹生を産出する鉱山があったに違いない。丹生は後世、水銀を指す言葉となるが、それ以前は、丹青、砂鉄のことであったと言われている。

日本の各地に、丹生の地名が今も残っている。いずれも鉱山と関係のある土地だ。かつて、砂鉄を産し、たたらを使い、鍛冶を仕事とし、鉄鉾を作ってきた人たちが住みついていた土地だ。

丹生川村の鉱山跡は、今も沢之上谷川にある。岩井谷砿山、三井砿山系のやまだったが、昭和のはじめには、すでに廃鉱になっている。

金、銅などを産出したと言われているが、今はこの地は緑地化計画のもと、植林が行われている。

乗鞍岳中腹の大丹生ヶ池は、池之俣川源頭になるのだが、この池に龍が棲みついていたという伝説がある。龍は言うまでもなく、産鉄の象徴だ。たたらには燃料として、広大な森林が必要だった。丹生は鉧の国、そこはまた森の国、山女魚の国である。

久手川筋を登ると、朴の木平スキー場への道が川をまたいで南側の斜面にとりつく地点に出る。久手の部落だ。川はすでに高度を増して標高一二〇〇メートルを越している。

その地点から、また川に入った。段差のある渓谷になっていた。小さな岩魚がすぐに毛鈎をくわえた。しかし、小八賀川の魅力は、この上流域にあるのではないと、その瞬間に分った。

シーズンを通して、乗鞍岳の水が入り続けるこの小八賀川は、きわめて水温の低い川だ。盛夏八月を除けば、中下流域、水量の多い地域に大型の岩魚、そして雨子の潜む可能性が高くなる、私はそう推測した。ともあれ、上流久手川を目にすることが出来たのは幸せだった。小八賀川の概略が分ったのだ。

私は山女魚を釣りたい。もちろん、人の手の加わった魚でいい。私の釣りは漁ではないのだ。心がなごめばそれでいいのだ。

岩魚を釣るのは勿体ないと、いつも思う。

無垢の岩魚が毛鈎をくわえると、どうしても少しばかり心に痛みが残る。

私は決して裕福ではない。いや、それどころかこれからの時間、自分の生活が果して人に迷惑かけず成り立つものかどうか不安に思わずにいられないのが現実だ。

しかし私は、鱒釣り、山女魚釣りだけは続けたい。それなしに生きたいとは思わないのだ。人はやはり、自分の心の慰安には散財しなければならないと、私は思う。

例えばゴルフの会員権は、信じられないほどの高価を呼ぶ。貴重な自然を破壊し、なおかつ少数の人だけが楽しむ遊びだ。やむを得ないだろう。

私はゴルフはやらないし、狩猟もやらない。しかし狩猟が王侯貴族の遊びだということは知っている。まず狩場を作り、その土地を保全しなければならない。ゲームと呼ばれる狩猟鳥獣を作り、放し、管理しなければならない。ルールを作り、それを守らねばならない。

それからガイドをつけて狩りを楽しむ。ガイドは案内人であると同時に、間違いを犯さないための見張人でもある。全てに金がかかる。しかしそれは当然のことだと思う。

無料で収奪出来る自然など、どこにもあるものではない。

もちろん釣りも同じことだ。天然の岩魚を、何の見返りもなく、ただ収奪することが許されていいはずがない。遊魚のための魚は、作り、育て、放したい。ルールを作り、それを守ってこそ、本当の心の慰安だ。与えるものなしの、ただの収奪は嫌だ。心が晴れないから嫌なのだ。

岩魚が、天然育ちの、全くの無垢の、宝石より遙かに美しいその魚が、毛鈎をくわえてうろたえる姿を見るのは、どうも居心地いいものではない。この小八賀川も、天然の岩魚でなく、放流の雨子の川だったら、どんなに安心して、一日を遊び過せることか。

駄吉から入って旗鉾まで。私にはその間の釣りで十分に思えた。奇妙なポイントについている雨子を対手にしながら、再度旗鉾の神社を訪ねてみたい。私はそう思いながら、一日の釣りを終えた。

それからしばらくしたある日、ふと思うところあって、本棚のなかの『日本の神々』を手にとった。

なんと、旗鉾の神社がそのなかに入っていた。やはり由緒正しい存在だったのだ。伊太祁曾《いだきそ》宮、それがあの旗鉾の神社の正式の名称だった。いだきそぐう。どこかで聞いたことのある言葉だと思ったが、そのときは思い出せなかった。それより〝飛驒木曾〟という文字が脳裏に浮かんで消えなかった。単なるごろあわせだが、どこかに共通するものがあるようにも思えて、すぐに頭に入った。

「右が伊太祁曾宮、左が天照皇太神宮であり、伊太祁曾宮は俗に〈旗鉾神社〉または〈月抱尊宮〉と呼ばれている」と、谷川健一編の、その本にはあった。飛騨の各社についての直接の執筆者は長倉三朗氏。この文章を私は興奮しながら読んだ。小八賀川が見せる疑問の数々を、この本が解いてくれる感じだった。

「伊太祁曾宮の祭神は植林の神といわれる五十猛命であるが、このあたりは山が迫り、乗鞍岳（三〇四〇メートル）を見上げる地点である。……その頂上の剣ヶ峰に伊太祁曾神を祀る乗鞍神社があり、西麓に広がる丹生川村の奥地にもこの神を祀る神社が点在する」

そうなのか。乗鞍岳、その山の神を麓の部落が祀っているということなのか。それにしても、その数の多さはやはり不思議だ。国道を挟んで二社が向いあっているところがあったりするのだ。

「総数は十五社。内訳は日向、日影、旗鉾、根方、板殿の各二社のほか、久手、池の俣、爪田、小野などの各一社」と言う。

そのうち、板殿を除いて、あとは全て川筋、街道筋に並んでいる。最下流が標高七〇〇メートルの爪田。最上流の池之俣が標高一〇〇〇メートル。その間およそ九キロ。

十キロ未満に十五社の神宮。寺ならそうした例もなくはないかもしれない。しかし神社がこれほど密集しているというのは、聞いたことがない、と思うのだが……。ともかく、旗鉾の神が天照皇太宮と伊太祁曾宮、二神だと分った。ふたつの本殿の秘密がまずは解けたのだ。

伊太祁曾宮の祭神は、五十猛命だと言う。

五十猛命というのは、あの須佐之男命の一子。須佐之男命（素盞嗚尊）は、言うまでもなく天照大神、月読命とともに三貴神のうちの一柱、日本神話、主役のひとり、いや一神だ。

『神々の系図』（川口謙二著）で、五十猛命を読む。

「日本書紀の一書には、須佐之男神は……その御子五十猛神を伴って新羅（今の韓国）に渡り、曾尸茂梨《そしもり》（牛頭《ごず》の意味という。この地は韓国慶尚道の牛頭山、江原道、春川の牛頭山という説がある）に居られたが、この地に住むことを嫌い、埴土の舟に乗り、出雲国簸《ひ》の川上にある鳥上の峯に到り、八俣太蛇を斬って神剣を得たとある」。更に続けて読む。

「五十猛命は、父神と天降るとき、樹木の種を持って降られたが、それを韓国《からくに》に植えず、すべて我が国土に植えたので大八州はどこも青々と繁茂した山々をみることができたとある」。五十猛命にはふたりの妹神があるのだが、父神は、その子三神を連れて、樹木の普及分布に精出していく。そして……。『神々の系図』は続ける。

「またこの三神は父神に連れられて紀ノ国に渡られたと伝えられる。紀ノ国即ち紀伊国は古来樹木の産地であるところから、植林の神として崇拝されたのであろう」

五十猛命を祀る神社としては、紀伊国和歌山市伊太祈曾にある、伊太祁曾《いたけそ》神社が、まず筆頭。南海貴志川線には確かに、いだきそという駅があり、その地の名前は伊太祈曾となっている。

やっと思い出した。伊太祁曾の名を、どこかで聞いたことがあると、ずっと考えていたのだが、それを思い出せた。しばらく前に読んだばかりの『銅剣・銅鉾・銅矛と出雲王国の時代』という本のなかに、それとよく似た名前が登場していたのだ。

松本清張編のこの本は、昭和五十九年、島根県簸《ひ》川郡斐《ひ》川町神庭西谷の荒神谷から、銅剣三五八本が発見され、考古学、歴史学の分野で様々な論議が展開され、複数の専門家によるシンポジウムが開催された結果、まとめられたもの。そのなかの一章、速水保孝氏の語る「原出雲びとの慟哭をきく」に、これが出てくるのだ。

出雲国風土記に出てくる韓銍社《からかまのやしろ》、延喜式に登場の韓竈《からかま》神社について考証するのが、その章の本筋だが、そこにもうひとつ、神社が登場する。名前は韓国《からのくに》伊《い》太《た》氏《て》神社《のかみのやしろ》だ。

「祭神は、木種を持って父神のスサノオと一緒に出雲へ渡来したというイソタケル＝

イタケル＝イタテで植林神。産銅・産鉄には不可欠の薪炭を産み出すからに鍛冶神でもあったろう」。その一節が頭に残っていたのだ。

イソタケルがイタテと変化出来るなら、イソタケルがイタキソに変ってもおかしくはない。

速水保孝氏は言う。

「神庭荒神谷からいえば宍道湖をはさんでの対岸、宇賀郷の唐川《から》・別所地区（平田市）……には、古代朝鮮の辰韓・弁韓諸国からの渡来人たちが重層して定着、産銅生活を営んでいたと考えてよい。そのために生活の余裕があったのか、日当たりの悪い山間で農耕地はほとんどないのに、『風土記』の社で式内社が四社もある」と。

そして名をあげるのが、韓銍社であり、韓国伊太氏神社である。

伊太氏神社、伊太祁曾宮、どこか似ていると思う。どちらも祭神は五十猛命。この本には、韓国伊太氏神社を写した写真が入っている。やはり大きくない。旗鉾の伊太祁曾宮より、更に小さい。しかしどことなく雰囲気が似ている。

乗鞍神社は、伊太祁曾神を祀る。即ち五十猛命を祀っているというわけだが、その時期は不明らしい。しかし勿論、それが新しいものであるわけはない。

旗鉾のふたつの本殿のうち、手前が伊太祁曾宮だと分った。つまり、その一本殿の姿が本来のものだったのだ。そこへ、無理な筑山を作って新しく、もうひとつの本殿、天照皇太神宮が割りこんだ。

そのいきさつを『日本の神々』が教えてくれた。

「文化六年（一八〇九）六月頃、当社に伊勢皇太神が飛来したとの噂が高まり、国内はもとより近国や遠く三河からも参拝客が押し寄せた。『飛驒史壇』には、『伊勢大神宮降臨一件』として、同八年頃には二千人に及び、高山と旗鉾の間には茶屋が百二十軒も建ったと記されている」

なんとこの小八賀川の岸辺に、一日二千人の人出だ。茶屋が百二十軒だ。その風景を思い画いてみる。旗鉾神社に人が溢れている。賑わう街道、そして茶屋、どこにも人が溢れている。そして川には岩魚が溢れている。

どうして伊勢の天照皇太神が、この地に現れたのかの詮索など不要だったに違いない。

近在の人々にとってそれは、願ってもない「おいせまいり」だったのだ。騒ぎは文化十年まで続いた。

「奉納品覚帳『宮旗員覚牒』には、旗二一五本を始め鏡、戸帳、額、絵馬、剣、刀、幕、また木燦、神酒、みきだるは数しれず、とある。皇太神宮の額をかかげた鳥居もこの期に奉納されたものである」

鳥居の出生は分った。しかし、ふたつめの本殿がそのとき生まれたものか、それより早くから存在していたものかは、これらの記からだけでは判断出来ない。本殿の造りはふたつとも同じだ。その謎は残ったままだった。

それにしても、あの縦長の額束、黒地に朱の縁飾り紋、中央に天照皇太神宮の金文字は百七十余年の昔のものだったのだろうか。

是が非でも、もう一度あれを見たい。一日二千人の人出を想像しながら旗鉾神社を歩きたい。私はそう思っていた。

八月下旬、私はまた小八賀川に出掛けた。名古屋の友人たちが一緒だった。猛暑だった。

さすがの小八賀川も水温が上がっていた。

私はまた駄吉から川に入った。

広い川幅いっぱいの浅瀬は、更に一層石の数を増し、水はその間を僅かに動いていた。

水量もやはり少なくなっていたのだ。ユンボの位置も変っていた。あの奇妙なポイントから連続して姿を見せた岩魚たちも、さすがに移動したものらしい。

ごく当り前のポイントから出た三尾の岩魚、その顔を見ただけで旗鉾へついてしまった。

それでも私は嬉しかった。雨子には会えなかったが、それはそれでいい。またの機会がある。とにかく神社を見にいこう。私は急いだ。

しきりに電動鋸を使う音が聞えてくる。神社の杜のなかから聞えてくるのだ。昼だった。

前のときと同じように左岸の崩れを登り、畑地を少し歩いて村道に出た。橋を渡り、国道への細い道を登っていった。

また横道から境内に入った。地面に大きな栃の実が落ちていた。もう岩魚の山には、実りの季節が来ていたのだ。拝殿が修理されていた。鋸の音はそのためのものだったのだ。

仕事をしているはずの男の姿は見えなかった。中食にいってしまったらしい。一足違いだった。話を聞きたかったのに。

私はまた、高床の縁を握りながら、狭い石垣上を通り、拝殿の奥に回りこんだ。朴の木の巨大な葉が限りなく透明な緑色で、天を覆っていた。

二千人の人の声は、どこからも聞えてこなかった。あたりは静まりかえっていた。

相変らず、伊太祁曾宮と天照太宮、ふたつの本殿は美しかった。緑に染まり、沈黙していた。鉄鉾の打ちつけられている向拝に頭を下げた。謎を解く新しい発見は何もなかったが、それでも生い立ちを知って目にする旗鉾神社に、私は一層の親近感を覚えた。

ふたつの本殿は、遙か昔、乱舞する人と岩魚を見てきたのだ。小さな本殿が緑の蔭で急に大きさを増したように思えた。

伊太祁曾宮、五十猛命、そして乗鞍岳。緑の山肌が健在なうちは、小八賀川は岩魚の川だ。しかしいつかそれが、山女魚の川に変ったからといって、私は驚きはしない。岩魚から山女魚へ。そして小さいがたっぷり川に溢れている山女魚から、時折りの大山女魚へと移って、やがて川は亡びる。

そんな変化が小八賀川の上におこったとしても、私の小八賀川への思いは変らない。なにしろ、遙か昔、この川縁に、一日二千人の人が遊んだのだ。復活の日がないとは決して言えないのだ。川音が少し強くなった感じだった。風が栃の実をまたひとつ落した。

私は欲張った気分になった。すでに上流は知った。

となれば最下流も知りたい。

町方で川に沿う村道に入り、岩井、新張、二俣といった集落を抜けて下流へ向った。増谷の下に橋があり、その突き当りにまた神社があったが、その探検を後まわしにして、更に下流へ。上三川の部落で細い畦道を左に入っていくと、やがて川岸に出た。対岸、つまり左岸に小さな発電所があった。

下流を見やった。流れは直線的で、毛鉤を投げる意欲は湧いてこなかった。

ここからほんのしばらくで、小八賀川は、国道四一号線にかかる橋下を通って、宮川に合流してしまう。仮りに大物が出るとしても、この最下流域は、釣りをしたい気分のところではなかった。

残るは町方から坊方のあたり、つまり中下流域。これはまた次の釣行のために残しておこう。橋上に立ち、流れを見ながら、私はそう考えていた。

無垢の岩魚でなく、ごく普通の山女魚が最高。普通の生活、普通の釣り、普通の自然に普通の山女魚。私の求めているのは、普通の川、普通の山村。それで十分なのだ。

御犠という名の魚——高尻川［島根県］

はじめての御犠《ごぎ》だったから、やはり嬉しかった。思わず、大声を出してしまった。

「おおい、岩魚だあ」

同行のカメラマンが下流から走ってくる。息をきらせ、私の肩越しに掬網を覗きこみながら、彼は言った。

「やっぱり、獰猛な顔をしてますか」

私は一瞬、言葉に詰った。

「いや、可愛い顔をしてますよ」

カメラマンは、九州の人だったから、岩魚の顔を見たことがなかったのだ。読み物のなかに出てくる岩魚、蛇を呑みこんだり、谷地鼠を追いかけたりする魚の心証だけが、彼の頭のなかを占領していたに違いない。

「なあんだ。本当に可愛い顔をしてますね」

彼は言った。

掬網のなかで、御犠は静かだった。背の斑紋は鮮やかで、小捷路高麗《オショロコマ》や河鱒《ブルック・トラウト》によく似ている感じだった。カメラマンはシャッターを二度押した。私は御犠を流れに戻した。

太平洋岸と日本海側とを分ける、本州の背骨は、北東から南西へと長く延びている。奥羽山脈の出羽山地を肩とすれば、中国山地は脊椎の末端、そんな感じだろうか。その背骨の端、尾骶骨のあたりが、御犠の故郷ということになる。

島根、広島、山口の県境一帯は、複雑な山塊地形をしている。恐羅漢山と冠山、ふたつの盟主を起点として、東北から西南、また西北から東南に向けて、断層が入り組んでいる。

冠山は、標高一三三九メートル。広島県側に位置しているが、その支脈は島根県側へと連なり、冠山山塊を造りだしている。

周辺には更に平家ヶ谷山塊、安蔵寺山山塊があり、無数の小山、端山の間を、谷が削って平地としている。モザイク模様だ。

島根県側に位置する安蔵寺山は、標高一二六三メートル。この高峰の東面から流れだし、西南に向って走るのが、高尻川《たかじり》だ。

川は一〇キロ下って、豊かな河谷盆地に至り、南側から来る高津川本流に合流して、北を目指し、日本海、益田平野へと向っていく。

高尻川は、安蔵寺山の斜面を下る短い源流部を除けば、あとは浅谷の里川である。高尻。その名前が川の状態を示している。

山塊の水を運ぶ土石によって川筋は埋り、川床が浅くなっている。大雨が来れば、暴れ川となること間違いない。それは川の植生が発達せず、葦が多く見られることからも十分想像出来るのだ。

川筋に沿って、小さな部落が点在する。懐かしさに溢れた、川岸の村の風景だ。最下流が七日市町下市、その上に横立、大橋、伊勢原と続く。横立と大橋の間に柿木村からの道が入ってくる。塔の峠隧道だ。

一帯は石積みの護岸になっていて、その内側に葦の叢と、石の河原と、流れる水がある。

見映えは決してよくない。

大抵の釣り人は、この高尻川に目を向けることなく、そのまま川岸の道を登りつめ、有名な匹見川の方へ足を延ばしていく。無理もない。こんな浅い里川に、いい山女魚がいるなんて、誰も思いつかないに決っている。

いや、もし知っていたとしても、魅力を覚えないに違いない。

私……。私はと言えば、塔の峠隧道を抜けて、はじめて、この高尻川の流れを目にしたとき、何となく心通うものを感じてしまったのだ。

いかにも山女魚の里、そう思えた。

暖かさ、心地よさを感じた。探していた川のひとつをみつけたな、とそんな思いにとらわれたものだ。

春だったせいもある。名残りの山桜が、山の端のところどころを、ぼんやりとした灰白色に染めていた。こうした季節は、どんな川だって、しんみりさせる力をもっているものだ。それはよく分るのだが、この川には、それ以上に不思議な親しみがもてたのだ。

河原の葦は、新しい芽を見せようとする、まさにそのときだった。

私は葦が好きだ。自分の姓のせいもあるかもしれない。それもあるが、私は素直に、葦に美しさを感じるのだ。その一生の全てが好きなのだ。

高尻川を含む、高津川上流域の河谷盆地は、吉賀郷と今も呼ばれているが、その名は、〝悪鹿を賀し、吉賀と呼んだ〟ところから来ていると、江戸時代の古書『吉賀記』のなか、七日市鹿大明神伝記にはある。

悪《あ》し、を嫌って、吉《よ》し、とした。これは特別珍らしいことではない。梨を有の実といい、葦の原を吉原と呼ぶ忌詞はどこの土地でも耳にすることだ。

少年の日、私の一番身近な散歩道は、富士川の岸辺だった。葦を毎日目にしていた。その頃、『自然と人生』を読んだ。

「冬なる哉、雪と帯ぶ茅舎の影寒田に宿れば田も半ば氷りぬ。林には波の吼ゆるが如き音あり。『冬』の声なり。残雪を帯ぶる枯蘆のがさがさ鳴る音、乾き果て、枯れ果て、吾魂を爬《か》き破る心地す」

その名も蘆花。徳富健次郎はしきりに葦の風景を描いた。これは冬の葦。全く、そのとおりだ。残雪を冠る枯葦を踏んで、その頃、私は河原をよく散歩した。胸の奥に、罪の塊りが沈みこみ、その重苦しさに耐え難いものを感じていた日々だった。やがて冬が去る。

「川辺には、枯葉舊根《ふるね》の間より、茅花には大に筍には小き蘆芽の数限もなく茜色に吐き出でぬ」そして短さ極まりない春が過ぎる。

「青葉茂りて、村々緑に埋れ、蘆暢《の》びて川狭ふなりぬ」。胸の奥の重苦しい塊りは、時の移ろいとともに増していく感じだった。

今でも葦を見ると、その頃の暗欝な思い出に、気持の全部が占領されてしまう。とはいえ決して嫌ではない。いや、今はそれが好ましく思えるのだ。

李時珍は『李草綱目』に、「凡て葦《い》の初て生ずるを葭《か》と曰ひ未だ秀でざるを蘆《ろ》と曰ひ、長成するを葦《い》と曰ふ」と書いた。

葭《か》と蘆《ろ》の間を彷徨いながら、私はのろのろと成長していったのだった。

その私が今、流れに膝上まで浸っている。葦の根を掻き分けて、静かに一歩を踏みだす。浅い淵尻。その末端。足元から送りだされた水輪が、幅の狭い波紋を作りながら、無風の淵をのぼっていく。失敗だった。動きを見せない水のなかに深く没している葦根の奥から、目を見張るばかりの大きな山女魚が数尾飛びだし、淵中を上流へ、下流へと、猛烈な勢いで走りまわったのだ。

手の施しようがない。立ちつくし、山女魚の俊敏な動きをただ目で追うだけだ。胸が痛くなる。

波の渦紋が治まり、山女魚が潜り帰った葦の叢根を、つくづくと眺める。枯れてなお鋭い、その横這いの茎から、純草色、春そのものの色をした角、若芽が短く立ちあがっていた。茅花には大に荀には小さき……。葦の角。あしかび。芦芽。思わず偏光眼鏡を外して、その色を確かめた。

「国は稚く浄脂の如くして、くらげなすただよへる時に、葦牙の如く萌えあがる物に因りて、成りませる神の名は、宇麻志阿斯訶備比古遅神……」うましあしかびひこじのかみ。

淵尾の葦叢を見ていたら、その名が自然と思い浮かんできた。可美葦芽《うましあしかび》。その、うましという言葉が何となく納得出来そうな感じだった。

勢い盛んに、萌えたつ神。力の神。春の神。そして少年の心を激しく叩く神。

それにしても葭から蘆、そして葦へと育ち変る、その時の流れの何と早いことか。

以前『山家集』を見ていたとき、葦の歌の案外に少ないのに、不思議を覚えたことがあった。

冬の歌に、ふたつ、みっつ、難波江の葦を歌うものがあるだけ、葦の角も、蘆の若葉も姿を見せない。何故か知りたいと思った。

西行には、枯落ちの葦だけが、心そそる風情だったのだろうか。暮春の野は、何の感慨も催すものではなかったのだろうか。

芭蕉には、「物の名をまづ問ふ蘆の若葉かな」がある。そして徳富健次郎にも当然のこと、「時々魚あり林影の中にはねて、紺青の水に白き渦紋を湧かしぬ。夕風そよ吹き、残照の影も次第に薄ふなりぬ。蘆は影と一つとなり、そよそよ歌ひながら暮れ行く」季節の葦がある。

しかし、西行にはない。頭の奥の何処かで、かすかながら、その理由のきっかけらしきものが、生まれかけている感じがあった。しかし、それは、あまりにおぼろげ。謎が解けるまでには、まだまだ長い時間がかかりそうに思われた。

限りない迷想にとらわれながら、春の葦、その美しさを一人占めにして、私は午後の川に、いつまでも立ち続けていた。

川は下高尻と上高尻に、大きくは二分される。その境界は、西組と柏原の間にかかる石の橋だ。左岸沿いを走ってきた道は、その橋を渡って、右岸に出る。左岸は、楢の木が目立つ山の端。右岸は葦の叢、そして田と家並、その上に赤松の多い山林。典型的な山女魚の里だった。ところどころに堰堤があり、その上流は深く長い葦間の直線水路。やがて石が水面に顔を出し、小さな屈曲がはじまり、瀬が現れる。

山女魚はあらゆる場所から姿を見せた。淵尻の開き、瀬脇、流れ込み、岩壁の際、瀬の肩、白泡の切れ……。いたるところで、山女魚は蜉蝣の亜成虫毛鈎《ソラックス・ダン》に躍りでた。

上高尻柏原と上野原の間、右岸の道際に、石水寺という名の寺が、またその少し先に、河野弥十郎の墓という、小さな標木がある。

寺は、十三世紀の末、この高尻の地を開いた河野弥十郎の創建になるという古いものだ。この古刹のある地点の標高は、三七四メートル。それより上流が、私の一番の気に入りの場所となっていた

川は道路から離れ、石積護岸はなくなり、堰堤も姿を消す。流れは自然のままの石組みの間を走り、しきりと白泡を作りだしている。

風が瀬音を強め、また弱める。静寂があたりを支配している。

水底を這う葦茎に、北上石蚕《きたかみとびけら》の筒巣が付着しているのが見える。美しい反りをもった、小砂の筒巣だ。細く長い柄が筒巣の頭から延び、その先端が吸盤となって、葦茎に張りついている。静かに、そして絶え間なく、その筒巣は水中を漂っている。まるで泳いでいる感じだ。

淵尻の葦叢に身を置く山女魚は、この北上石蚕筒巣を、その胃袋に納めているのだろうか。私はまだ、それを見たことがない。それというのも、この川でまだ一度も、検胃吸管筒《ストマック・ポンプ》を使用したことがないからだ。

いつも、心持よく、リズムをもって山女魚が出てくるものだから、ついついそのまま快調に遡行してしまい、不粋な器具を山女魚の口に当てる機会を失ってしまっている。

リズムを崩したくないと……。いや、待て。それは理屈だ。本当は……、そう本当はもっと単純、ただそんな気分になれないだけのことだ。

筒巣のなかは点検した。心を鬼にして……。緑色をした蛹が出てくるものとばっかり思っていたのに、何とそれは赤色をしていた。

捕食しやすいその大型筒巣を、山女魚が見逃すはずはない。きっと食べている。私は確信した。いつかきっと、それを目撃する機会がやってくるに違いない。その日まで、疑問は保留だ。私はゆっくり淵をのぼっていった。

御犠を釣ったのは、その静かな屈曲部を過ぎ、再び川と道路が近寄る奈良原のあたり、標高三九〇メートル地点、開けた急流のなかでだった。

御犠は標高四〇〇メートル以上と聞いていたが、感触では、もっとずっと下流にも、棲息するように思えた。勿論、春先と秋口、気温と水温が下がったときの話である。

御犠。この文字は、世に認められているものではない。私が勝手に使っているだけのことだ。とはいえ、盲滅法の当て字でもない。

『吉賀記』を読んだとき、思いついたのだ。朝鮮半島からの影響などという正論は、この際、無視だ。

七日市の項に、鹿大明神の祭事が記録されていた。そのなかに興味深い文字があった。

「祭神　霊鹿神　例祭八月十五日より十七日迄　また十二月二日　牲《にえ》の祭」。この手書きの牲の字は、性と読めるのだが、これはあくまで牲、犠牲、いけにえの牲だ、続けて「神霊八足八久呂の凶鹿を祀る」とある。

　この八足八久呂の凶鹿というのは、『吉賀記』冒頭、吉賀の地名の由来に出てくる、あの悪鹿のことだ。

『吉賀記』は言う。

「人皇四十二代　文武天皇の御宇　鎮西筑紫に悪鹿横行す　其の異れる事八足八畔《やつぐろ》にて赤毛尺余に過　眼は両鏡の如く毫底に耀き口裂けて箕の如し　龍虎に似て天を翔り地を走り禽獣を食し人を殺ふ　号して八畔鹿といふ　庶民惧れて農事を止む　幾ならずして達叡聞」

『六日市町史』には、同じ文章に多少の異字が登場する。「赤毛尺余に至り」「毫底に耀き天を翔り」「禽獣を食し人を殺《そこな》ふ」「幾ばくもなく叡聞に達す」

　こんなところだろうか。七世紀のはじめ、文武天皇の時代、北九州の筑紫に、悪鹿が横行した。その姿は、八本の足と八股に別れた大角をもち、全身長い赤毛に覆われ、両眼は鏡の如く耀きわたっていた。その角の異形から、八畔鹿と呼ばれたその悪鬼は、空を飛び、地を走り、獣肉を食い、人を殺した。人々は怖れて、農作業に手をつけることが出来なかった。間もなく、その噂が都に届いた。

話はそんな発端に続き、その悪鹿退治へと進んでいく。

悪鹿と、その追手は、海を渡り、防長、今の山口の地を越え、その辺部である鹿野庄を過ぎ、やがて、この吉賀の庄に入り、鹿足河内《かのあしこうち》大鹿山に至る。その地でようやく、追手の強士は毒矢を発し、悪鹿を仕留める。飛龍の貌を顕した鹿は、あたりに雲霧を撒き散らし、天地を鳴動させながら、息絶えていった。

この里人伝記の意味するものは、興味深い。

悪者にされている、この鹿とは、いったい何者なのだろうか。

『古代山人の興亡』のなかで、著者の井口一幸氏は、「古くから鹿を見たら産鉄民と思え、というのが産鉄にかかわる地名研究で言われる」と書いている。

北九州の性悪大鹿は、山口を通り抜け、七日市まで達した。今でもこの地は島根県鹿足《かのあし》郡であり、高尻川の一本西にある山女魚川は、その名も鹿足河内だ。鹿の国、鹿の園だったのだ。

『吉賀記』は、更に追加として、もうひとつの七日市鹿大明神伝記を載せている。前記とほぼ同じだが、より具体的で分りやすい。こんな具合だ。

平城天皇の時代、大同元年の春、石見の国鹿足郡四鹿山に紫の雲気が、数日間立ちのぼったことがある。近隣の村人は、とても怪しんだが、その正体を知るものはなかった。

さる英雄が国司としてこの地に至り、その紫の雲気を見て、「是れは正しき名誉の宝剣、此の山に埋れ有るべし。尋ね出し国家の守りと成さばやと、鹿狩に事寄せて此の四鹿山に度々迫り」探索するうち、かの八畔の悪鹿に出会い、これを討ちとった、というのだ。

「眼の光り明星の如く、火焰を吹く事蝃蝀（虹）の如く、其の青気白気忽ち変て剣と成て檜の枝に懸り梢に止る」とある。

これはまさしく山中のたたら場の光景だ。

吉賀郷には、信じられないほどたくさんの修験地があることなどと照らし合わせて考えても、この地が産鉄、鋳物師の地であったことは間違いないように思える。鹿の土地なのだ。それも巨大な鹿。大規模なたたら場。

悪であるべき鹿が、天皇の、朝廷の、都の権力によって滅ぼされながら、なお神霊として祀られ、悪鹿の地を吉賀と改めるという不思議の説明が、何となくつくような気がする。

筑紫から出雲にまたがる先住の人々の影が動く。鉄銅器を作り、鹿を追い、魚を漁して暮らしていた人々の影が見えるのだ。

悪鹿を祀る鹿大明神、その犠牲の祭りは十二月二日にとり行われる。その内容が興味深い。『吉賀記』には、こうある。

「神供四膳　生魚八尾四膳　一膳二尾宛十八人の名氏六人宛一年を勤　三六十八名民六人宛順番にて勤え　是を不変と云」。また『六日市史』に載録の『吉賀記』別本では、

「神供四膳、御酒、四膳、生魚八尾、（四膳、一膳、二尾宛）十八人、名代六人宛一年を勤め、是を不変という」ともある。

その多少の違いには目をつむりたい。問題は「生魚八尾」だ。生は、文字通り生《なま》なのだろうか。それとも乾したものをも、生と言うのだろうか。もし乾物を供えものにしたとなれば、話は別だが、まあ、仮りにそうだとしても、時間の経った古物を供えるはずはない。可能な限り新鮮な魚であるはずだ。とすれば、この魚は何だろうか。

まず考えられるのは、鮭鱒。しかし祭りは十二月だ。陰暦とはいえ、もう秋は終っている。海から六日市までの距離は、高津川に沿って六〇キロ。海の魚ではないとし

ても、川に入っている白鮭、あるいは桜鱒。可能性は決して低くない。

山女魚はどうだろうか。鋳の出は早く、牲にふさわしい威厳ある姿とは程遠い感じがする。十二月の祭りには供えにくい。となると残るは岩魚。山女魚同様錆てはいるが、黒みを増したその体色は、それなりに凄味を帯びて、見る者を畏怖させる力をもっていると考えられる。祭りの魚、牲の魚。御犠の魚。

確信はもてない。鮭、鱒の可能性は捨てきれない。また鮭鱒と無縁の、海の魚かもしれない。

しかしやはり、山中の神への犠牲、生魚八尾には、岩魚がふさわしい気がする。

高尻川は今は、山女魚の川ではあるが、修験の山即ち神の山である安蔵寺山から流れだす源流の水には、やはり岩魚の影が濃厚だったと思う。

高尻川の岩魚、〝ゴギ〟に御犠の文字を当てたのは、そんなあれやこれやを考えての結果だった。

鹿の王国の岩魚。反逆の血を体の奥深くに秘めているのかもしれない一尾の御犠を目の前にして、私は遙か彼方の時のなかへ心を飛ばしていた。

その御犠の郷、吉賀では、鹿の字とともに、河内という文字もしきりと目につく。河内そのものが二箇所、その他に下河内、立河内、捨河内。幸地の名もある。もとはきっと河内だ。

川の名にもある。河内川、鹿足河内川。

この郷が、四周を千メートル級の高山で囲まれ、その谷々から流れでる砂土によって出来た埋積谷であり、一帯が氾濫原であることを、この地名がよく示していると思う。

氾濫原の川は、河原植生が貧しく、どことなく荒れた感じがするものだが、高尻川にはそれがない。例え蔓葦でも、それが優先種としてしっかり定着したときには、それはまたそれなりに、捨て難い美を生みだすもの。私はそう思っている。

特に、夏のはじまりが美しい。

はじめて御犠を目にした日から、しばらく時が経っていた。その日、六月一日。すっかり背が高くなり、遠景を青襖で隠しきった葦の谷間、腰まで水につかって、私はじっと上流をみつめていた。

夕陽の残影は、すでに姿を消し、鳥の声も絶えていた。五日ばかりの細い月が、意外な冷たさを見せて、輝きはじめていた。

水面には、石斑魚の浮上波紋が、細く白い円となって、ひっきりなしに広がっていた。

山女魚の浮上は全くなかった。失敗だったかもしれない。もう少し浅場の、水の動きのあるあたりで、浮上を待つべきだったかもしれない。心のなかで、そう思ったが、体は動かなかった。もうここで待つしかなかった。

春の釣りで、大山女魚が葦間を疾走する姿を見た。あの魚が水面に姿を見せる瞬間がきっとあるはず。今は夏。日中はまず無理だ。

日が落ちたあとに違いない。釣りをしたいとは思わなかった。浮上波紋を見るか、その浮上の際の水音を聴くかしたかった。

背高葦の谷間から見上げる弓形の月。山女魚を釣る男だけが目にする宵の月。静寂が全身を締めつけてきた。

以前は、明け方の月をよく目にしていた。夜を徹することが多かったせいに違いない。

「月は有明の東の山ぎわに細く出ずるほど、いとあはれなり」枕草子の詞にうなずいたりしたものだが、今は何となく、平明な、そして何よりも月並みな、宵の三日月を美しいと思うようになった。以前が臍曲りだったのか、今が旋毛《つむじ》曲りなのか。

山女魚の浮上波紋を待って、水中に立ちつくし見る宵月の美しさを何にたとえたらいいだろうか。かすかな風が、初夏の夜の匂いを運んでくる。

水温は十一度。爪先を少しばかり動かして、冷える体の血を揺する。腰が落ち、気持が滅入るのを、何としても防がねばならない。

もうすぐ、狂乱の時がはじまるのだ。そのはずなのだ。どうしても、この目、この耳でそれを確認したい。私はなおも待った。

葦原の先、田を何枚か越えたところには、上野原の部落がある。家がある。風呂の炊き口からは、煙りが上がっているに違いない。

この御犠の土地では、あの懐かしい煙りが、今も上がるのだ。平和であれ、不和であれ、とにもかくにも家のなかには明かりがある。水のなかの、この暗さはない。

この川をはじめて教えてくれた九州の竿工は、下高尻の左岸高台、保道の農家一軒を手に入れたいと、本気で考えていたらしい。この川筋に住んで、竿作りの工房を開きたいと思っていたようだ。じっくりと腰を落ちつけて、夜と朝を迎えたい。確かに、ふつふつと、そんな気持が湧いてくる土地だった。

水面を睨みながら、私の心は家の明かりに憧れていた。温かさ、賑やかさを体中が欲しがっていた。

暗さに対して、何か不協和なものを私は感じている。以前はそんなことがなかった。

暗闇こそ心を落ちつかせるものとして歓迎してきた。闇が好きだった。

しかし今は違うのだ。闇を後退させる、明るさを求めている。例え細い五日の月でもいい。明るさが欲しい。私は年とってしまったのだろうか。

「この世の中には生きることを望むものと、望まないものの二種類の人間しかないのだが、その大多数の人間は生きることを望んでいない」とタムキンに語らせたソール・ベロー。

もし生きることを望んでいるのなら、どうして、こんなに戦争が起きるのだ。タムキンの言葉、ウィルヘルムの空想は、そのまま私の空想に繋がっていた。

年とって、私はどちらの種族に属するのだろうか。生きることを望んで生きるのだろうか。仮りにそう生きるとして、その生はどんな形をとるのだろうか。心楽しい余暇のなかに身を置き、山女魚を対手に暮らせるのだろうか。漠とした不安に私は包まれていた。

新聞の記事を思い出していた。シルバー・コロンビア計画から、海外滞在型余暇へ。通産省がまとめた報告書だった。

海外には住みやすい国がある。そこで老後を過そうではないかというのが、数年前に発表されたシルバー・コロンビア計画だった。

私には信じられなかった。老齢となり、うまく余暇をもてる身になったとして、本当に海外に住みたいという気持がおこるのだろうか。見知らぬ土地での生活には、大変なエネルギーが要求されるものだ。仮りに、言葉に不自由しないとしても、その地の人と屈託なく話しあい、笑いあえる状態を作りだすのには、少なからぬ努力が必要になるに違いない。

これが、若い時代なら話は別だ。不幸にも、私にはその機会がなかったが、青年期を長期間、海外で暮らすことは大事なこと、必要なこととつくづく思う。

しかし老齢になってからの移住は、私には考えられない。年経るに従い、過去を、また故郷を懐かしむ気分は、次第に強まるものと思える。異国の地にあれば、それはなおのことに違いない。鮭鱒と同じこと、母国回帰は移住者の定めではないだろうか。

計画はやはり批判が多かったらしい。路線が変更されたと、新聞は伝えていた。

多分、私は生きることを望んで生きようとするだろう。少なくとも今は、そうしたいと思っている。

鹿の土地、御犠の土地、そして葦の土地。それが私の海外なのかもしれない。葦間になおもしのびよる夜気に向って、私は声を発した。

「行け、想いよ、金色の翼に乗って……」

歌劇「ナブッコ」の、あの旋律が、水面を流れたように感じられた。山女魚はとうとう姿を見せなかった。

明日があるさ。そう繰り返しながら、私は葦叢のなかを大胆に歩き、高尻川を後にした。

石の里は山女魚の王国――鹿川［宮崎県］

石の谷、石の川だった。遙か下方に細い流れが途切れ途切れに見え、目を上げると、信じられないほどの高みに、垂直に流れ落ちる滝があった。大きい、と思ったが、谷をへだててのそれは距離感がはっきりつかめず、実際の落差を知ることは出来なかった。滝上の岩峰で、全ての大地が終っていた。源流とは思えない、広い空がその上にあった。

一帯の標高は九〇〇メートル。石の川の源頭は、その北に位置する標高一五四八メートルの鹿納山、と案内書にはある。漠然としすぎている。もう少し正確に言えば、鹿納山から南に下った一五〇七メートル峰の、その裾野一一四〇メートル地点から水ははじまるのだ。

その水を求めて、崖を伝い、谷におりた。

源頭からおよそ二キロほど下ったあたりだった。山女魚がいた。

石の川。目の前のそれとよく似た光景を以前何度か見ているぞ、と私は思った。例えば少年時代を過した甲府郊外、荒川の上流域昇仙峡。そして奥秩父、小川山足下の流れ金峰山川。またカルフォルニア州ヨセミテ、あのマーセド川。規模こそ違え、その景観には、それぞれ一脈通ずるところがあった。

三月二十九日。もう春は盛りだった。岩はしっかり暖まっていた。足元の岩、その少し下流に壺があった。そこにまず毛鈎を投げおろした。岩肌に沿って毛鈎が落下し、水面に達した。岩は黄色味を帯びているように見えた。丸い緑色の水面があり、縁近くが白く泡だっていた。

こうした姿勢で釣りするのは好きではない。私は少しばかり苛立っていた。岩の間から、それも高い場所に陣取り、岩を覗きこむ形になるのは、全く好きではなかった。しかし今はやむを得ない。我慢するしかなかった。

私は、魚よりも低い位置、少なくも同等の高さから釣りするのが好きだ。堰堤の上からとか、崖や大岩の上から、下を釣らねばならない事態に時折り出会う。気持が悪い。しっくりこないのだ。

仮りに山女魚が毛鈎をくわえたら……。どうしたらいいだろう。水から抜きあげ、竿のたわみを利用して、山女魚を空中に躍らせ、手元に引き寄せるのだろうか。空中を走る山女魚の姿など見たくない。及び腰になってしまう。

壺のなかを毛鈎はあちらこちら泳ぎまわっていたが、幸か不幸か、山女魚は姿を見せなかった。

全くの源流、ただ大岩だけの世界だったが、魚は山女魚だった。岩魚ではなかった。岩を這い登り、爪先立ちになって、次の壺を覗き見した。壺と壺を継いでいるのは、小滝の流路。言ってみれば、小さな湖を釣りして歩いているようなものだ。

壺の落ち口、滝への流出口に近い部分の石組みのなかに山女魚が身を据え、流下する昆虫を捕食している。湖のまんなか、いや壺の中心部へ、当てもなく毛鈎を投げても、それでは山女魚は出てこない。湖岸最下流を狙わなければ駄目なのだ。

この谷の場合、釣り遡るより、釣りおりる方が正解だと思う。上流の岩の端からそっと顔を出し、流れにまかせて、毛鈎を下流へ送り、滝上の口へと導いていく。それが最良の方法のように思えた。

しかしそれはまあ、頭のなかだけの話だ。どうしたって川上へ向っての遡行、岩を登っての釣りになる。それの方が楽だからだ。大岩の連続する渓の下りは、少なからず危険だ。

第一、小継竿《パックロッド》を背中のルュックサックに仕舞いこまないとならない。釣りする気分ではなくなってしまう。

やはり渓は登るべきなのだ。とはいえ、必死に岩を攀じ登ったその体の、全くの目の前に山女魚がいるという状況も、どう考えても嬉しいものではない。

壺のひとつひとつを、丁寧に、高く、遠く巻けば、チャンスの確率は高くなる。それはよく分っているのだが、壺から壺への落差が大きく、とてもそれだけの心の余裕が生まれない。とにもかくにも、最短距離の岩場を登り、滝上にぬっと顔を出し、そこを足場として、何とか壺の縁に体を立たせるしか方法がなかった。結果は言うまでもなく、山女魚を壺の底に追いこむことになる。

日向は天つ神たちの誕生の地、天の岩戸の神話をもつ国だ。岩の世界だということは学んでいたが、それにしても、この垂直の岩壁の圧力はどうだ。花崗岩のポット・ホール。巨大甌穴の釣り。

五ヶ瀬川水系綱の瀬川、その支流鹿納谷。九州宮崎の川。石の川、石の谷。不思議なところへ旅してきたものだ。私はつくづく思った。

石を見るのは、決して嫌いではなかった。

山女魚の棲む国に、石の文化があると考えている。日本は木の文化、欧州は石の文化、と対比してみせる人は少なくない。私もそうかもしれない、と以前は考えていた。

しかし、海外の川で鱒を釣り、国内の北や南の川で山女魚を釣るうち、そうとばかりは言えない、と考えるようになった。

もし、日本を木の文化だと思ったが、木の文化と言うのなら、アメリカもカナダも、アラスカもニュージーランドも木の文化だと思った。多分ノルウェーもソヴィエトも同じはずだ。いやヨーロッパのどの国だってきっと同じだ。

逆に海外の国々に石の文化があると言うのなら、それは日本も同じことだと考えた。日本の多くの土地で、石の文化と呼びたい、さまざまな習俗、造形を目にすることが出来た。

確かに私たちは石の家に住んではこなかった。しかしそれは、たまたま身近に豊富な樹木があったからに過ぎない。

樹肌の柔らかさを好きなのは、何も日本人だけではない。樹さえあれば、どこの国の人たちであれ、きっと木の家に住んだに違いない。住宅の素材が、そのまま国の文化に繋がるとは、私にはどうも考えにくかった。

心のなかに確固たるものを構築しようとするとき、日本人は昔から石をその素材にしてきた、私はそう思うのだ。心に安らぎを求める場にも石が登場する。石棺、石祠、石墓。

山女魚釣りの道すがら、しばしば信仰の石に出会った。神の依代《よりしろ》としての石を尊ぶ伝統は相当に根強いものがあると思わずにはいられない。

少年の日の遊びの時間、私はよく信仰の丸石を目にしてきた。道祖神、屋敷神。甲府盆地のあちこち、とりわけ西側の地では、それら大小の石祠に何故か丸石が祀られていたのだ。

岩、石、そして砂は聖視され続け、今も生活のなかにしっかりそれは根をおろしていると思う。確かに木の家に住んだが、だからといって大事にしたのは木あるいは樹だけではないのだ。

山女魚棲む里には今も、石垣と石碑が多く残っている。人は皆、昔も今も、石に自然を見てきたのだ。石こそ永遠の象徴、そう思い、そう願い、大事にしてきたように思うのだ。

少年の日の幼い呪術を思い出す。

少年は無法者で、少女たちが茣蓙《ござ》を敷き、楽しく遊んでいるその場を荒らし、邪魔ばかりしていた。少女たちはついに怒りを爆発させる。沢蟹の棲む小沢の流れ、そのなかから小さな美しい丸石をみつけだし、それに味噌を塗り、紅絹《もみ》の布に包んで、巨きな石碑の前にそれを手向け、跪拝《きはい》し、少年の指が曲ってしまうようにと、呪いの言葉と共に深く念じた。

呪いをかけられた少年は、その様子を横目になおも悪態をついていたが、内心少なからぬ恐怖におののいていた。夜も朝も、少年は指ばかりみつめていた。

人は皆、石の前で祈ってきたに違いない。

小さな丸石の背後には、大いなる自然がある。人はそれに対し、心を開き、心を浄め、その永遠の生命力の分け前にあずかろうと願ってきた。石を手向け、岩に祈る長い歴史を私たちはなおも継続している。

石の川、鹿納谷へは鹿川《しし》の部落から入っていく。鹿川部落一帯は明るい。花崗岩帯のせいだ。小さな盆地。岩壁と山に囲まれている。

西は鹿川峠、東は鹿川越、南は綱の瀬川、そして北はただ山、出口なし。山女魚の里としては少しばかり酷しい環境だ。

辿ってきた道のところどころ、栄華の匂いが感じられた。

五ヶ瀬川から綱の瀬川に入ってすぐに現れるのが槙峰の部落。ここはかつて旧槙峰鉱業所のあった鉱山町。往時の社宅や施設が今も残り、その黒い建物の間を縫って道が抜けていく。

十七世紀中期、江戸時代将軍家綱の頃の発見という古い銅山。くわしく言えば、層状含銅硫化鉄鉱床。最深部は地表から八〇〇メートル。

この歴史のある鉱山は、一九六六年に閉山された。二十年少し前のことだ。ほんのきのうのことなのだ。そのせいだろう。閉山、廃鉱という感じではなく、ただ休んでいるだけ、たまたま今日が休みの日だったとそう錯覚しそうなほど全てがまだ生きていた。ただ眠っているだけなのだ。私はそう感じていた。

この槙峰を過ぎると、ヨセミテ入口となる。

行く手の左側に標高六六六メートルの矢筈山、右手に七六〇メートルの比叡山。これが花崗岩の大壁なのだ。異国的だ。旅している気分がぐっと盛りあがってくる。比叡山はロック・クライマーに人気の山。当然のことだ。道はこの比叡山の岩峰の下を潜って鹿川へ向っていく。鹿川最奥の大崩山は、花崗岩が迫りあがって出来た山。その花崗岩が、周囲を固めていた堆積岩にじわじわとしのびより、ひび割れを作らせる。その裂け目に沿ってマグマは噴出し、やがて冷える。

大崩山を取り囲むようにして、その南面側、一〇キロからから二〇キロ地点に、花崗斑岩の山が列を作っている。海に近い延岡寄りからその弧を辿ると、まず祝子川と北川の間の可愛岳七二八メートル。有名な行縢《むかばき》山八三一メートル、そして比叡山、矢筈山、最も西に丹助山八一五メートルとなる。花崗斑岩の急峻岩峰群。白い岩峰と滝。

このベルト状の山々を外縁として、その内側に白と緑の異国、ヨセミテ風景が広がる。

樹林の荒れが残念だが、それを嘆いてみてもはじまらない。人々がこの地から撤退すれば、樹林はまた長い時間をかけて、本当の原生へと戻っていくに違いない。岩と水がある限り、森が滅びることはない。

比叡山と矢筈山の花崗斑岩が作りだす、地獄の門、ヘルスゲートを抜け、綱の瀬の渓の武骨な岩盤に護られた流れを見ながら上流へ向うと、やがて合流点。西側は綱の瀬川本流。

東側から鹿川。その合流点少し下流から、また花崗岩帯がはじまるのだ。特有の光に満たされた花崗岩盆地風景。これは美しい。

鹿川に沿って道は登っていく。かつては大鉱山帯の一角を占めた鹿川部落、今その昔日の賑わいはない。山の幸に頼って生計をたてているのだろうか。

上鹿川の集落を過ぎると、道は山地へと入っていく。川から離れるのだ。これが本当に鹿納谷へと続くものかどうか、少しばかり不安になってしまう。案内人がいなければ、とうていこの道を登る勇気は湧いてこないに違いない。今日、このヨセミテへ私を運んでくれているのは秋丸修一氏と井上博文氏。

遥か彼方に見えていた花崗岩の岩峰、壁を伝う滝が少しずつ、少しずつ近づいてくる。空へ空へと登りつめていく感じだった。

鹿納谷を目指すこの道は、いわゆる林道ではない。鉱山道、多分そう呼ぶべき道なのだ。

鹿川盆地へ入る少し手前の鹿川鉱山をはじめとして、あちこちに今は稼動していない鉱山の遺物を見ることが出来る。鉱口、貯鉱・選鉱場、ケーブル、朽ちた建物。道は当然のこと荒れている。落石が狭い山道をふさいでいた。

鹿納谷の青い水辺へのおり口に、目印らしいものは何もなかった。私は案内人の後ろをただついていくだけだった。

しばらく崖を下った。その途中、盤座《いわくら》らしいものがあった。横幅のある巨石だった。二基の石燈籠と小祠がその前、下流側に置かれていた。石祠の屋根に、新しい注連縄が掛けられていた。燈籠と祠を載せた台地は、石の大きさを揃えた整層積みになっていた。

小祠は威厳あるものだったが、その御神体が後方の大岩であることは、ひと目で分かった。

そこから川へと延びている踏み跡の中途に朽ちかけた白丸太鳥居があった。そこまでおりて大岩を見上げ、更に視線を上にあげた。

川へのおり口を探したあたり、その崖上に巨岩の突出が見えた。多分、水辺にも、それを一線で継ぐ大岩があるに違いない。山の上にも更に大岩があるかもしれない。それぞれの巨岩が盤座として祀られているのではないだろうか。誰の目に触れるでもない。山中の渓と山を継いで、祀りをする人たちがいる。

岩を畏怖し、岩を神体と考えている人たちがいる。その最上部の岩からは、鹿川盆地の全景、そして矢筈山の神聖な姿が望まれるに違いない。それにしても、この盤座に降りる神はどんな神なのだろうか。鍛冶の神か、それとも川の神か、山の神か。祀られる石のあるところ、それは山女魚の里なのだ。例えいかに山中深くても。丸石のあり場所は分っている。ポット・ホール、あの甌穴のなかだ。まだ深くなりきっていない甌穴があるに違いない。そのなかには、きっと、からころと水中で音を響かせている小石が入っているはず。それが宝だ。

小さな石が花崗岩の穴のなかで、流れこむ水の力を受け、転がり続ける。そのたゆみない動きが、次第に穴を大きく、深く広げていく。神秘の石、神秘の穴。その石を私が拾いあげてしまったなら、もうそれ以上ポット・ホールの成長はない。甌穴の運命に狂いが生ずる。多分私は迷うに違いない。そして決断する。いや、私には私の運命のために、その小石が必要なのだ。新しい石が入りこむまで、甌穴よ、しばらく我慢を。

少年の日、部落の外れの、大きな道祖神祠の脇が遊び場だった。母の生家のある村に出掛けたときの一番の楽しみだった。高い石垣組みの塔の上に、かなりな数の丸石が積みあげられていた。私にとって丸石道祖神は一番身近な神だった。畏怖していたが、それと同時に護られている、という素朴な感情があった。

後に移り住んだ町中の家の、敷地東北の隅に、屋敷神と呼ばれる小祠があった。丸石一個が祀られていた。

道祖神にしろ、屋敷神にしろ、それが何故丸石なのか、説はいろいろある。しかしいずれも決定打ではない。勿論私にも全く分からない、私はその丸い石を見るのが好きだった。

多分、人は、道祖神というと、長野や群馬の、陰陽双体の姿を脳裏に思い浮かべるに違いない。手をとりあい、抱きあう男女の姿は、確かに土俗的で愛くるしく、印象的だ。

しかし、私にとって、道祖神はどうしても丸石、限りなく球に近い丸石なのだ。それをこそ山女魚の護り神として尊びたいと思っている。

丸石、これ以上に旅心を慰めるものはないと私は確信している。私は旅の先々で、今でも丸石を探す。山女魚釣りのときも、鱒釣りのときも……。

草野心平も石を拾う人だったと聞いた。詩人は、言うまでもなく、小さな自然石から、さまざまな世界を想起したに違いない。人々の暮らしぶりさえ、そこから思い画くことが出来たであろう。

私は……と言えば、私は山女魚を考えている。水や風を考えている。樹や草を考えている。限りなく球に近い丸石は、ときに地球そのものに見えたりする。太陽にも、月にも見えたりする。河原で丸石を拾うと、私はそれを道辻の隅にそっと置いてくる。山女魚のために……。

都会のなかの今の暮らしに、勿論屋敷神はない。あの丸石を祀る小さな祠はない。しかし部屋のなかに丸石がある。山女魚の川が磨いてくれた丸石がある。やはり私は丸石を守護神かなんぞのように考えているらしい。

都会に住んで、折々の季節、あちこちの川に足を運ぶ。そこに盤座を発見することもあり、道の分岐に置かれた石を見ることもある。

渓流の大岩を見ることがあるし、河床を埋めている砂に触れることもある。いつもほっとした気分になる。

私の心は石を求めている。心の奥のどこかに、石と呼びあう声がある。山女魚と石。

それがいつも心のなかで結びついている。

巨大甌穴に滝の水が滑りこんでいる。いつの出水のときのものだろう、大木が倒れて、滝口に橋をかけている。谷幅いっぱいに岩。かなりの斜度をもって、それが連なっている。岩攀じりを厭うわけにはいかない。小さく跳ばねばならない。次の山女魚を求めて……。

いたるところで、まるで教科書通りの、滝石組みを見る。琺瑯洗面器の縁のような丸味を見せる甌穴の先に、その典型的な滝が現れると、本当にほっとした気分になる。滝はいい。

『作庭記』に登場の、さまざまな滝の型を頭に思い画いてみる。向落、片落、伝落、離落、稜落、布落、絲落、重落、左右落、横落。

今、目の前にあるのは、布落の滝、透明な布がひっきりなしにはためいている。

「布おちは水落におもてうるはしき石をたてゝ瀧のかみをよとめてゆるくなかしかけつれは布をさらしかけたるやうにみえておつるなり」

ひとつとして同じ形の滝はない。石ひとつが作りだす、全くのミニチュアから、人の背丈と同じほどの小滝、それが私は好きだ。大瀑布のスペクタクルが嫌いなわけではないが、小滝の造形の妙を見ていると、何ともいえず、心がなごむのだ。小滝は山女魚の渓によく似合うといつも感心する。滝の落ちこみに頭をつける。飛沫が首筋を洗う。生き返る。

滝の石組みに、童子石という名前がある。滝を見ると、まずこの童子石を見る。滝の骨格は、実際に水が落ちている石、つまり水に隠れている水落石と、その横に立つ滝副石とが基本となって出来あがるわけだが、その滝副石の前に見られる、やや小振りの石、それが童子石だ。

水落石は別名、鏡石、また滝副石は不動石と呼ばれもする。水落とか、滝副という言葉は、多少なりと科学的分析。一方、鏡、不動それに童子という言葉は、文学的、芸術的。

言うまでもなく、私は後者の方が好きなのだが、両者が混じりあっているところが、一番好ましいのかもしれない。

落下する水が当るのは水受石、その下流で滝を左右に分けるのが水分石。また水面に姿を見せず、僅かに沈んでいるのが、木の葉返しの石。いずれも分りやすく、覚えやすい。

庭に作られる滝は、言うまでもなく自然の姿をじっくり観察し、鑑賞し、洗練させて作りあげたものに違いない。『作庭記』には、童子石を説明して、こうある。

「不動明王ちかひてのたまはく　瀧は三尺になれば皆我身也　いかにいはむや四尺五尺乃至一丈二丈をや　このゆへにかならず三尊のすかたにあらはる　左右の前石は二童子を表すなり」

九州宮崎、山中に連続する無名の小滝を見上げながら、私は、まだ目にしたことのない、北の国、平泉毛越寺庭園遺水石組への憧れが心のなかを占領するにまかせていた。

鹿内谷の山女魚に十分会えたわけではない。

案内のふたりにしてみれば、もっともっと山女魚が毛鈎をくわえるはずと考えていたことだろう。流す場所が違うよ、と心のなかで思っていたかもしれない。しかし、はじめての川だ。それでいいのだ。自分で試行錯誤することこそ釣りなのだ。

一投一投、あれやこれや考えながら投射する。山女魚が出れば嬉しい。出なければ出ないなりに、心に響くものがある。それを自分で確かめたい。幸い、ふたりの案内人は何も言わず、私の釣りを見守ってくれていた。

大岩のひとつ、出来はじめたばかりの甌穴の脇に座りこんで、私たちは昼の茶を楽しんだ。小さな携行火器《ストーブ》の、バーナーの音が、滝音に吸いこまれる。やがて、湯気のたつカップが目の前に置かれた。

それをもって、私は大岩の端まで行き、下を覗きこんだ。日陰の水が、青と紫、ふたつの色を滲ませあって、冷たげに光っていた。

私の好きな、里の山女魚釣りとは異質の風景だったが、この岩の渓もまた、心に深い安らぎを与えてくれる、山女魚の王国であることに変りはなかった。

風が吹いた。目の前をふさぐ岩の壁は威圧的だったが、どこかにやさしさもある、と私は考えていた。

住んでみれば、石の家も、木の家と同じように、暖かみあるものかもしれない。唐突にそんな考えが頭のなかに浮かんできた。

映像でしか見たことのない、ローマ、ヴェネチア、そしてバルセロナの石の家を思い出しながら、熱い茶をすすった。そしてまた考えた。あの石の建物、石の都市の住み心地はどんなものだろうかと。

石の家は冷たい、と言う人がいる。石の文化は冷酷だ、と言う人もいる。木の家、木の文化は暖かい、と。そして日本は、木の家、木の文化の国なのだと。

本当に、石の家は冷たいのだろうか。石壁の窓辺に赤い花がいっぱいのアパート風景をテレビの映像で目にした。私は決して冷たい感じを受けなかった。花は窓辺の下を歩く人のため、そんな説明があった。

石の都市に暮らす心構えを、その窓辺の花が教えてくれたように思ったものだ。石の建物は、その周囲に緑を常にもっている。そんな感じがした。広場、庭園、公園。人の手で育てられ、護られている緑が、建物をしっかり取り囲んでいると見えた。石の建物は樹木、草花と美しく調和していると思った。

木の素晴しさを言うとき、それに石を対比させることは間違いだと思う。木が暖かみをもっていると言うのなら、石だって暖かみをもっている。私はそう思うのだ。ヨーロッパを知らないのは残念だが、それでも多少、外国の都市や田園、そして自然の風景を見てきた。そして思ったことがある。

石の建物に暮らす人は、とても戸外の生活を愛し、自然を大事にする、ということだ。

広場や街頭のカフェテリアで時を過し、公園を歩き、走り、芝生の上で陽を浴び、語りあい、休暇を作っては、遙かな大自然のなかに旅をしていく。

木の文化と言われるこの国の大都会に住んで、今感じていることがある。それは、もはや、木の文化と呼ばれる時代は終ったのだ。ここはすでに石の文化圏に入りこんでいるのだ。そう認識すべきなのだ、ということだ。

鉄筋コンクリートの高層アパート、そしてオフィス・ビル、多くの公共施設、高速道路、また地下鉄の駅。いずれも木造ではない。

全てが硬質。石の世界だ。

個人主義、そして民主主義の思想は、石の文化から生まれたと言われる。閉ざされた空間に暮らす人々が、集いのための広場を求め、そこが討論の場になった結果だと。樹木を早くに失い、あるいは火災から守るため、やむを得ず石の家に住むようになった人たちは、当然のこと、それにふさわしい知恵をもち、倫理を心に納めて暮らしてきたに違いない。

木の家から石の家へ、木の文化から石の文化へ。少なくとも都会に住む人は、否応もなく、今、その転換を迫られている。

私たちは、石の家、石の都市に住むための、新しい倫理や知恵を身につける必要に迫られている。そう思うのだ。

ひとりひとりがそれぞれ独立の、木の家を望み、その要求がかなえられるという生活環境はもはや存在しない。少なくとも私の住む都会においては。

残念という気持はない。石の都市に暮らしながら、それが心を冷たくすると嘆いてみてもはじまらない。木こそ日本の文化と言ってみたところで、あのわびしくも悲しい西部開拓時代風のログ・キャビンで心が慰められるとも思えない。

今はとにかく、石と美しくつきあう方途をみつけだすことが必要だと思う。石を嫌わないことだと思う。さもないと、私たちの将来はひどく心淋しいものになってしまう。

ほんのつい先頃まで、私たちの先祖は、木の家に住みながら、石に心を通わせて暮らしてきた。丸石を信仰し、大岩を神と祀り、滝を人の姿のなりかわりと考えてきた。これからだって、石とつきあえないわけがない。

樹木が自然なら、岩石も自然。そして人も自然のうち。石の都会に住んで、時を選んで私は旅に出ていく。

石垣を美しく組み、屋敷神を祀っている山女魚の里へ。

茶の時間が終った。岩の溪はそれから更に迫力ある姿を見せてくれた。横幅十メートルもありそうな大岩の水際を、山女魚がゆったり泳いでいた。

高千穂、日之影、そして鹿川。一帯は全くの石の王国だった。日之影川、見立川、そして伝説の内川。大崩山と行縢山。いたるところを歩きたいと思った。

甌穴に浮かぶ山女魚の姿。鹿納谷の秋を私は夢見ていた。

非漁、非競の山女魚釣り――緑川［熊本県］

全員がまだ眠っていた。夜は明けている。こっそり抜けだした。土間に置いたままのウェーダーをとり、外に出てから身につけた。

吊橋の途中で振り返ったが、誰も起きでてくる気配はなかった。

一夜の宿となった、養魚場のその家は、まだ軒を低くしたまま、静まりかえっていた。

曇り空だった。雨気をはらんでいる。じっとりと重い空気が、山道の上に澱んでいた。

風景の全てがまだ、しっかり呼吸出来ないでいる。目覚めたばかりなのだ。

抑えても、抑えても歩調が早くなった。

あの山女魚は絶対に出てくる。そう思った。

石橋が山女魚を守っている。橋のすぐ上のたるみが定位置。橋の影が一層の迷彩になっている。自分の定位置に絶対の自信をもっている。安心して摂餌出来るのだ。

必ず出てくる。しかし橋の上から釣るのは嫌だ。ごく背の低い橋だから、そこから毛鈎を投げたら、何の誤ちもなく、山女魚の鼻の先、五十センチほどのところに毛鈎を鋭く落とせるし、鈎に掛けることも最も容易ではある。しかし、それはしたくなかった。

何故って……。そう、美しさに欠けるから。

フェア・プレイではないとか、スポーツマン・シップに欠けるとか、そんな気持はないが、とにかく、自分のやることに美しさがないではないか。やはり左岸上流に回りこもう。

そして昨日の夕方と同じ、あの長葉河柳を掻き分け、半身だけを流れの側に見せて、竿を水面の上に押しだし、流れの線に沿って擬装投射《フォルス・キャスト》をとり、あの盛りあがっている水面、隠れ石のすぐ上に毛鈎を落そう。

どう考えてみても、それが最善策なのだ。

橋と山女魚との間がもっと離れていたら、確かに下流から投げることが出来る。しかし現実にはそれは不可能だった。人の作りだした小さな石の橋が、見事なまでに山女魚を守っている。

面白いものだ。

水面を滑り、弾む石蚕毛鈎、フラッタリング・カディスを、昨日の夕方、あの山女魚は上半身を水面に迫りあげるようにして捕まえにきた。水勢に負けて、毛鈎を口にするより一瞬早く、山女魚は水中に頭を没した。

もう少し、ゆっくり水面に浮かびあがればいいものを……。視野に入ると同時に跳びでてしまうのだろうか。

あの石の上、うねっている水の勢いは、思ったより強いのかもしれない。

もう一度同じところに毛鈎を入れた。そして全く同じことがおこった。ほんの一瞬早く、山女魚の口が水面から消えてしまったのだ。

しばらく間を置いて、頭の上に毛鈎を入れこんでみたが、それには反応がなかった。

やはり上流から送りこまなければ駄目なのだ。また投射した。結果は同じだった。

あわやのところで、毛鈎は山女魚の唇に当ることなく流れ過ぎていってしまったのだ。

釣りは結局成功しなかった。山女魚は諦めてしまった。跳躍にくたびれてしまったのか。厭きたのか、それとも偽物と見破ってしまったか……。最後の目付きは、ハイ・ジャンプに失敗した選手が、落ちているバーに怒りを爆発させそうになる、あの一瞬の粗暴さによく似ていた、私はそう思った。

あの山女魚は、きっと出てくる。足がまた早まっていた。橋に出た。川幅は、昨日より更に狭まって見えた。まるで、神社の裏の小川が、少しばかり増水したときのような流れだ。それに、あの石以外、山女魚が身を潜めることの出来る場所は見当らない。きっといる。

私は改めて、上流から下流まで目を動かし、最上の足場を探してみた。新しい答えはみつけられなかった。昨日と同じ方法しかない。

橋の上からなど釣るものか。仮りにそこで山女魚を掛けたとして、その瞬間、後悔することになるに決っている。あの山女魚は、美しく釣るに値する魚なのだ。

昨日の踏み跡はすぐにみつかった。水は透明で、穏やかな顔をしていた。右足をそっと流れに入れた。頭の上にのびている長葉河柳の柔らかな茎を左手で押さえつけ、その手の指に投射糸を掛け、張力を作ったまま、空中に毛鈎を躍らせた。

一投目が大事。私は心のなかで呟いた。

毛鈎が水面に落ちた。

山女魚は、姿を見せなかった。昨日の夕方、あれほど懸命に跳躍を繰り返したのに……。

目を覚ませ、朝なのだ。

私はすぐさま毛鈎を投げ返した。反応はなかった。体中から力が抜けた感じだった。絶対、一投目に出てくると確信していた。

釣りを続ける気分にはなれなかった。山道をまた歩き、吊橋を渡り、外でウェーダーを脱ぎ、そっと寝床のなかに潜りこんだ。

緑《みどり》川上流、清和村滝下。台風が接近している、九月の日曜日だった。

ふいに、いくつかの蒲団を飛びこえた奥の方から声がかかった。「どうでしたか」。私は答えた。

「楽しかったです」

それが答えになっていたかどうか、はっきりしなかったが、問いの主は、それきり黙りこんでいた。

答え方を知らないわけではない。本当は、二十五センチほどのがふたつ出ましたよ、というふうに答えるべきなのだ。分っているのだが、私にはそれは出来ない。

どうだったかと、問われたら、答えは、素晴しかった、か、楽しかった、かだ。

私の釣りは漁ではない。かといって、スポーツでもない。数字を示す必要など、どこにもないではないか。競うために釣りをしているわけではない。記録には何の意味もないのだ。私が考えなければならないのは、それが心に何かを残し、何かを埋めこんでくれたかどうかだけだ。

釣果というものを口にしたくはなかった。

もう寝つけなかった。昨日一日が遙か遠い昔の出来事のように思い出された。

緑川中流、内大臣橋を渡った。橋から水面までいったいどれほどの高さがあるだろうか。

私は高飛び込みの選手になったつもりで、両手両足をぴんと揃え、橋から身を躍らせてみた。いや勿論、瞼の奥にその姿を画いただけだ。

なかなか水面が近づいてこない。私は私の背中を橋の上から見ている。いや駄目だ。私は高飛び込みの選手にはなれない。

そう、どう考えてもスポーツ向きの人間ではない。

嫌いなものがふたつある。数字と騒音だ。

考えるに、近代スポーツというものは、その数字と騒音とで成り立っているのではないのだろうか。そんな気がする。

となると、私は全くの近代スポーツ不適応人間、そして現代生活不適応人間という気がしてくる。というのも、現代は、まさにスポーツの時代、と思えるほどに、その情報量が多いからだ。

夏の夜、ラジオの各局は競って野球試合の実況中継だ。音楽を聞きたいと思ってもそれは許されない。テープに頼るしかない。

テレビも同じこと。週末になると、午後から夜まで、チャンネルはスポーツ番組に占領されている。何人か人が集まったときの話題もスポーツ、とりわけ野球だ。チームの勝敗数、打者の打率、果ては盗塁数。電車に乗ると、スポーツ新聞がずらりと並ぶ。大活字の見出しに、またも数字だ。私は駄目だ。それについていくことが出来ない。

いたるところに数字だ。スポーツの全てが数字によって価値を計られている。数字、記録。それが全てになっている感じだ。数字偏重の価値観。それは否応もなく、日常生活のなかに入りこんでくる。そして私の釣りにも影響を及ぼしてくる。

数量と記録。それは、テクノロジーの申し子なのだ、と私は考えている。電子時計が登場し、一秒の百分の一、千分の一を計測したりする。信じられない微小の数値を、明確な差異として受けとめ、等級をつけることが当り前になってきている。技術の腕を信じ、それに従っている。

しかし、本当にそれは信じなければならない数字なのだろうか。必要なこと、意味があること、大切なことなのだろうか。

学校の成績表、国民総生産、海外の円相場、視聴率、投手一球の初速、カロリー数値、平均寿命、癌発生率。いずれも数字でそれは表され、その数字が心を傷つける。山女魚釣り人たちも数字を口にする。三〇センチ・オーバーだとか、今日は何尾とか……。

気がつくと、私もその仲間入りをしている。

本当に数字に毒されているのだ。とはいえ山女魚釣り人の数字は、記録に残るものではない。自分の胸のなかで納得し、公認するしかないのだ。それ故にこそ、その数字は、重みがあり、信憑性があるとも言えるのだが、それでも考えてみれば、やはり数字にとらわれていることに違いはない。やはり気持はよくない。生きている魚、山女魚にだけは数字を当てはめたくない。私にとっては、どんな山女魚も価値がある。私の貧しい競争心で山女魚を傷つけてはならない。

夜の澱みをまだ残したままの部屋のなかで、肺いっぱいの呼吸が出来ないまま、私はしきりに寝返りをうっていた。

養魚場の池の底は土だった。コンクリートではなかった。そのなかに九州の山女魚〝えのは〟がいた。その幼魚斑は、紡錘型ではなく、ほぼ円に近い形をしていた。浅い池のなかを、その〝えのは〟が走ると、丸い幼魚斑は密着して、茄子紺色の一本の帯となった。

婚姻期の石斑魚のような感じにも見えた。走りから速度を緩めて停止に向おうとすると、帯が少しずつ途切れて、紋の円が次第に明瞭になっていく。見厭きることがなかった。

石橋のたるみにいた一尾も、きっと同じように水中を走りまわっていたのだ。その山女魚に触れてみたかった。

台風が接近してきていた。私たちは全員もうひとつの川に移動することになった。緑川の左岸側に、標高一一一三メートルの矢筈山を盟主として、六〇〇から八〇〇メートルの前山がいくつも連なっている。山腹を縫って、道がくねくねと続いている。それを下っていった。雨はもうやむことがなかった。

梅の木鶴、目射、楢原、木原谷、上萱、笈石。小部落が点在していた。その部落と部落の間に必ず小さな沢があった。石間の水は全て緑川へ向けて駆け下っていた。緑川の水量の豊かさは、この枝沢、支沢の多さによるものなのだと、私は思った。

水面から遙かの高みにある部落を継いで折角下ってきた道を、笈石の先でまた登りかえすようにして南へ向う。やがて川に出た。

緑川支流、鴨猪《かもしし》川。雨と風が強さを増していた。荒天だった。これほどの天気のなかで釣りした記憶はないぞと、私はぶつぶつひとり言を言った。

橋を渡って、左岸の崖上に車は停まった。岸辺の樹林が伐採されてから、まだそれほど月日が過っていない感じで、あたりは荒れていた。

剥き出しの赤土崖を滑りおりて、水辺に出た。胃袋のような形をした淵とそれに続く瀬が見えた。胃袋の中心部は横幅があり、流れが緩やかになっていた。

倒木が沈んでいた。その枝が一本水面に突きでている。流れがそこで僅かに変化していた。その枝先の奥、対岸寄りに、山女魚は潜んでいるに違いない。真っ先に目につくポイントだった。ただ投射したあとの、投射糸の処理が少しばかり面倒に思えた。どこから投射したら、間違いをおこさずにすむか、あれこれ考えてみたが、その枝は空中高くにしっかりのびていて、回避しようがない。黒い細枝が、まるで堅固この上ない鉄塔のように思えてきた。

結局、一番無難な位置、斜め下流から、黒枝の上流側、そしてかなり対岸寄りに毛鈎を投げ、手前の流心を流れ下る投射糸を修正して、山女魚の出を待つという方法をとることに心を決めた。

茶色のフラッタリング・カディスをしっかり投げた。毛鈎が水面を流れはじめ、その手前をより早い速度で投射糸が流れた。

修正《メンディング》しようと、右手の肘を持ちあげ、竿先をほんの僅か下に向けた。その瞬間、山女魚が出た。合わせた。かすかな手答えがあったと思ったが、それは先糸が黒枝に当り、こすれた瞬間の感触だった。

波紋が、白く光る水面に、黒い円を作って広がっていった。やがてそれは雨の波紋に吸収されて消えた。

跳板飛び込みの選手が、満点に近い姿勢で、水中に没し、短くそしてかすかな音を残し、小さな飛沫を上げたときの、あの同心円の細やかな波紋。似ていると思った。

風が上流から、鋭く吹き下り、水面の画像を全て掃き消した。均《なら》された水の画布を、雨の黒い窪みがすぐに埋めた。

山女魚はしっかり毛鈎をくわえたのに……。

再現は不可能だった。諦めきれず、少しばかり間を置いて、また毛鈎を投げてみたが、水面には何の反応も現れなかった。

斜面が強く、濡れた赤土が剥き出しになった左岸をゆっくり登っていった。大岩の背後を回りこみ、いくつかポイントをみつけては毛鈎を投げたが、山女魚の影を見ることは出来なかった。

鉛色より更に黒味を増した雲が、ぐんと低く落ちてきて、あたりの暗さが一層増した感じだった。そのなかを歩いた。

雨が突然、塊りになって垂直に落ちてきた。

それからすぐ、川幅は狭まり、流れの落差が大きくなり、両岸に樫の高木が密生している森にさしかかった。

岩陰に寄って、空を見上げた。黒い葉と、それより少しばかり明るい色の、地《じ》の部分とが見えた。その下、岩と樹の枝との間に張られた蜘蛛の巣が見えた。あまり美しい出来ではない円網だったが、それに雨滴が当って、糸の一本一本が太くなっていた。主の体には膨らんだ腹部に黄色の筋が入っていた。黄金蜘蛛なのだろうか。目にするのははじめてだった。

黄金蜘蛛が、こんな山中の暗い樹間に、巣をかけたりするものかどうか分らなかったが、その鮮やかな腹部の色から、私は勝手に黄金蜘蛛だと決めこんだ。その美しい蜘蛛は動かなかった。大きな雨滴が糸に当るたびに、蜘蛛の体は揺れたが、それでもそこから動こうとはしなかった。

私は迷っていた。前へ進むべきなのか、引き返すべきなのか。あたりは夕暮れよりも暗かった。暗鬱な夜のはじまりの色をしていた。

樫の太い幹が岸近くの崖場を占領している。

投射が不自由で、気分が乗らない。

水際から少し離れた石をみつけて、それに腰をおろした。私はぽつねんと水をみつめていた。足元近い浅場の石脇に、黒く太い棒状の遺物が漂っているのが見えた。魚だった。

真黒だった。大山椒魚、いや鯨かと思った。

驚いて更によく見ようと石をそっとおり、息を詰めて水際に近づいた。その黒い影はゆっくり動いて岸を離れた。山女魚だった。〝えのは〟に見えた。怪物だと思った。

私は一瞬、空想にふけった。あの石に座ったまま、竿を振る。考えがまとまらなかったりするとき、半ば無意識のうちに右手を動かし、毛鈎で水面を叩いていることがある。

あれをやって、もし、今の大山女魚が、また偶然に、落ちてきたその毛鈎をくわえたらどんなことになっていただろうか。完全なオフサイドだが、私は記録的な大物として、黙って公認してしまうだろうか。

いや、きっとするだろうな。何しろ大きかったのだから。

駄目な奴だと、私は自分の心を笑い、そして急に気持が楽になって、もう少し前進しようと覚悟を決めた。

先端鈎素を点検し、毛鈎に息を吹きかけた。毛鈎は乾いていた。

スポーツ嫌いになった一番古い記憶は、小学校の運動会、あの徒競走だった。前の演目が終らないうち、身長順に並んで入場口に待機する。上級生に引率され、駆け足でスタート・ラインに進む。ピストルがなる。走る。ゴールする。先生が指さす。一等、二等、三等。係の上級生が早かった三人の腕を素早くとって、それぞれ1、2、3と書かれた小旗の後ろに並ばせる。この入賞者たちは、テントの前に駆け足で進み、校長先生から、賞品を受けとる。

私は一度も賞品をもらったことがなかった。四等にも、五等にも入れなかった。四等以下は……。四等以下の生徒は、観客席の後ろをすり抜けて、自分の席に戻り、そ知らぬ顔をして、空を見ているのだ。

運動会そのものや、演目そのものに反抗する小学生がいたなどという話を聞いたことはない。しかし、私はそれをやった。私は運動会の雰囲気を台無しにする反逆を企てた。

結果は、等差を決めることが出来ず、賞品は生徒全員で分配されることになった。反逆は成功したのだ、とは思う。しかし、その思い出は、私の胸のなかで、今も重く重く燻り続け、淋しさをかきたてるのだ。

運動会は、強い劣等感を少年の心に植えつける行事だった。衆人環視のなかで、能力による差別が冷酷に行われることの淋しさは、極りないものがある。競争への嫌悪は、少年の日に芽生えたのだった。

記録が生じ、等級が公認される世界で、それに遠く及ばない人たちは、そのスポーツの喜びを味わうことが許されないというのは、公平ではない。

テレビ観戦、誌上観戦だけのスポーツ・ファンが多く、実際にフィールドや、オープン・エアの場に足を運ぶ人が多くない、という生活は歪んでいる。その歪みの原因は、数字の偏重、そのための競争にあると思う。

いかなるスポーツも、それは私のため、自分のためでありたい。

記録と競争がなくても、スポーツは存在する。そう言っても、誰も納得しないかもしれない。ジョギングと水泳の喜びは、いつの間にかトライアスロンへの興味に移行してしまっている。野山を走ること、川や海を泳ぐことで得られた、あの浮漂《フロー》感覚の素晴しさ。

それを語る人は今はいない。スポーツ・ドリンクとスポーツ用品メーカーの看板、横幕が草原の一角を華やかな都会風景に変えている光景を目にしたこともあった。

記録と競争なしのスポーツ。心の遊び。それが欲しい。とはいえ、ふと気がつけば、私の山女魚も、その数字の世界に巻きこまれていたりする。競争の心なしに山女魚を見たい。

もう一度、あの鯨のような、黒い山女魚を見たいと思った。足元からゆるりと泳ぎでた山女魚は、もしかしたら一尾だけではないかもしれない。この嵐の森のなかにまだ何尾か潜んでいても、特別不思議ではないだろう。

私はまた歩きはじめた。

流れの中心にある岩を攀じ登り、飛沫を浴びて歩いた。鯨山女魚は岸際の浅場にいるに違いないと思ったからだ。

流れの中心から岸のたるみをみつけながら進んだ。鏡の面のように、つるりとしている小さな石間の水。それを探した。

気がつくと、空中を艶のある、生きた樫の葉がしきりに舞っている。黄色の葉でも、枯れた葉でもない。濃緑の葉だ。葉をつけたままの枝がそれに混じっていた。高い樹冠の上で、嵐が吹き荒れている。きっと強い雨も降りしきっているに違いない。

私は何度も、黒い樹冠を見上げた。それから足元の水を見た。暗くはあったが、水に濁りはなかった。深い樹林の底には、まだ静けさが漂っていた。樹冠の唸りも、水の響きを打ち消すことは出来なかった。私は自分の心を励ましながら、なおも歩いた。

ところが、それからほんの数メートル進んだところで事態が一変した。互いに打ちつけあう葉の音。樹全体がきしんで音を立てた。風の音がはじめて聞えた。

それに呼応するかのように水の音が急に高くなり、ぴたりとやみ……。

先程まで、私の感覚の全てを刺戟し続けていたのは、暗鬱なその色彩だった。今は音だ。

私の胸に不安を植えつけているのは、音だ。

荒ぶる溪にみなぎりはじめた音の氾濫に、私の耳は対応しきれなかった。恐怖を感じはじめていた。私は自分の耳に自信をもっていた。

機械の音、路上の音、大都会に充満する騒音の洪水をこともなげに吸収し、跳ね除けてきている耳だ。自然の音は、それが何であれ、心地よく感じないはずがない。私はそう信じていた。しかし今は違う。山の音、水の音、樹の音、全てが私の神経を痛めつけている。

その音の威圧感から逃れようとした。無視しようとした。耳にすまいとした。しかし少しもうまくいかなかった。岩に当る水音、大枝の唸りに、気持が奪われていた。私の集中力は完全に途切れてしまっていた。

その瞬間、また足元から黒い影がゆらめき出た。二尾の山女魚だった。漆黒の大きな塊りが、ゆらりと動いたのだ。心臓が喉を突き破った。山椒魚ではない。明らかに山女魚、いや〝えのは〟だ。それにしても、この鈍い動きは何だ。まるで、いやいや体を動かしている。

黒い塊りが大石の陰に消えていく。私は竿先を水に突き刺した。ひどく狂暴な力が私の体を支配している感じだった。音が完全に消えてしまっていた。

水面から竿を抜きあげ、もう一度それを水中に突き刺した。その瞬間、山女魚の消えた白泡の只中に、頭上から、太い樫の枝が落下した。折れ口が赤く、血を流しているように見えた。私の首よりも太かった。山女魚の隠れた石下のたるみを、黒い葉が覆いつくした。

身体中に恐怖が走った。風のなか、溪の奥で何者かの叫ぶ声が聞えたような感じがした。

もう一歩も前へ進めなかった。崖を這いあがればきっと道路に出るに違いなかった。しかし、それは危険だと思った。流れのなかを引き返すしかないと思った。

上流から下流を見て、改めて落差の大きい溪だということを思い知った。

大石の上に立ち、尻をついてそれを滑り落ち、淵のなかへ落ちこんでいった。体のまわりに大きな飛沫が上がったが、その音は耳に達しなかった。大きい屈曲を回ったところで森の出口が見えた。樹枝の下にぽっかりあいた空間が、信じられないほど白く、明るく見えた。私は駆け寄った。

崖上の車の脇で、九州の釣り人たちが私を待ってくれていた。

「どうだったですか」ひとりが、まるで冷静な調子で声をかけてきた。

「いやあ、楽しかったですよ」私は答えた。馬鹿な答えだ。私は体中、そして胸のなかいっぱいが熱くなった。泣きたい気持だった。

もっと素直になろう。私は自分の言葉の跡始末をつけられないまま、暗い気持で道具を仕舞った。全員無言だった。

空は今にも地面と接しそうに低く垂れ下がっていた。

もしスポーツという言葉を使うとすれば、この渓歩きこそが、私が知った最高のスポーツだった。誰と競争するわけでもない。なにしろ対手は森と川と山女魚だ。自然の、その威圧感にいつも私は負ける。一等賞はおろか、三等賞もとれたことがない。私が手にするのは、参加賞だけ。しかしこのスポーツでは、観客席の後ろを逃げ帰る必要はないのだ。

なにしろ、対手はあまりに偉大だ。私は胸を借り、失敗しても、また胸を借りることが許されている。

渓の歩きに、数字と騒音はついてこない。

心をずたずたに引き裂れたようなダメージのあとに、私が感じたものは至福だった。

台風が熊本山地の真上を通過していた。

あとがき

一期一会という言葉がある。一期は、誕生から死まで。人の一生のこと。一期一会は、生涯に一度の出会い。なればこそ、それを大事にせよという、茶の世界の言葉。茶席での緊張感が伝わる美しい言葉だが、同時に、どこか、気張りを感じさせもする。

人との出会いに一期一会があれば、川との出会いにもそれがある。人の姿をあまり見かけることのないような、源流域の峻厳な沢を歩くときなど、そうした気持にとらわれるかもしれない。

出会いを大切にしたい。その言葉もよく耳にする。確かに感激的な出会いというものがある。帰ったら手紙を書きますとか、是非またお会いしましょうとか言う。そうなることもあるし、それきりのこともある。川も同じだ。

一期一会の人、一期一会の川。確かに大事だと思うが、それに固執すると窮屈にもなる。さらりとした出会いがいい。私はそう思う。

一期一会には違いないのだが、それを意識することなく、出会い、別れる。それでかまわない、と私は考えたいのだ。目礼ひとつ。私の川歩きは、多分それなのだ。あっさりと擦れ違う。ここに登場した十五の川は、私が軽く会釈した川のうち、擦れ違ったときの感触が何となくさわやかだった川たちだ。

十五の川は、そのほとんどが、釣り人たちの間で、C級程度と位置づけられているもの。名だたる名流というものではない。

銘木より雑木が好きなのと同じように、銘川より雑川が好きだと言ったら、十五の川と、その地の山女魚が気を悪くするだろうか。

難所の続く、原生の川。無垢の魚が毛鉤に無心に飛びついて……。そんな川も確かにある。満ち足りはするが、ただそれだけだ。

鮮烈な出会い、そして一期一会を感じさせてくれはするのだが、ただそれだけだ。後には何も残らない。やがて記憶は次第に薄らいでいってしまう。

その逆の川もある。

人の手で痛めつけられ、瀕死の傷を負ってしまっている川。そのなかに生存し続ける僅かな魚。その川の全ての状景が思い出に刻まれる。その川を歩きながら考えていたこと全てが、心の襞のなかに仕舞いこまれている。満足のひとかけらもない、と同時に失望も、落胆もそこにはない。出会いも別れも、決して特別のものではないのだが、ああ、これこそが今の姿なのだな、私の時代なのだな、と思う。

そんな川。それが山女魚の川、山里の川だ。私が見た川、歩いた川なのだ。山女魚の川は、荒廃しきっている。巨大ダム、堰堤と護岸。経済森林とその伐採。塵芥の投棄と汚水の流入。岸まで迫る田畑と家屋。

美とはおよそ縁遠い。山女魚の棲む川に今はもう、天然自然の面影がないのは勿論のこと、人の手の造りだす山里修景の美も見出すことが出来ない。

自然破壊の因は、企業の、利潤追求の姿勢がもたらす公害にある、とよく言われる。それは確かだと思う。しかし、それが全てでもない。もうひとつ認識しておきたいことがある。それは、山女魚の国の住人が、自然美をほとんど必要としていなかったという問題だ。

およそ、この山女魚の国の人々が、山や川、本当の天然自然を心から愛した形跡はどこにもない。自然破壊をいともたやすく達成させてしまった原因は、天然自然が消滅していく状況に対して、心の痛みを何も感じなかったその美意識の欠落にあったと私は思う。

私は、ずっと昔から、この国の自然は美しい、と教えられてきた。私もそう信じてきた。多少、外国を歩き、その自然を目にし、川で釣りをしてきたからといって、それだけの経験で知ったかぶりをすることは許されないことを十分に承知しながら、それでも私は正直に言わなければならない。

私の目で見る限り、外国を歩いて、この山女魚の国の自然より美しくない自然に巡りあったことは、ただの一度もなかった、と。

教えられたようには、この国の自然は美しいものではなかった。それを知ったときの、私の衝撃は計りしれないものがあった。

思いは今も続いている。山女魚の川であれ、岩魚の川であれ、本当のところ、私はこの国の自然美を礼讃することは出来ない。山女魚を釣りながら、私はいつも口惜しい思いをしている。淋しい思いもしている。

とはいえ、それに絶望したりすることは嫌なのだ。何よりも私は美しい川が欲しい。多分、私たちの自然観、自然美への認識の変革なしには、その願いは達成されないと思う。環境保全、公害。それらの問題を考えるのと同時に、自然美、生活美についても思いをかよわせるのでなければ……。私はそう思っている。

十五の川、山女魚里の釣りは、この国の自然景観は美しいという教説と、この国の住人は、山川草木を愛する徳性をもっているという教説を疑うところからはじまっている。

一期一会と心に期すほどに、この国の川は美しくない。なれば、ただ目で軽く会釈して、今はすらりと擦れ違おう。いつの日か、美しい川を歩いてみせると、心に固く誓いながら……。

解説
フライフィッシャーマンよ、インテリであれ！

佐藤盛男

あるとき、芦澤さんが僕に言ったことがあった。「釣りに関しての技術論やテクニックについては、書くつもりはないよ……」と。その言葉を聞いたとき、最初ボクは何のことか？　どういう理由なのか？　見当がつかなかった。

一九七〇年代のはじめから、アメリカのアウトドアスポーツをテレビや雑誌で日本に紹介した、芦澤さんはフライフィッシングの世界でも先駆者だった。ヨーロッパからアメリカに渡ったフライフィッシングという遊びを日本に持ち込み、日本の風土やそこに棲む魚たちに適するかどうかも研究したうえで紹介した。太平洋側の湿った気候と日本海側の乾いた気候に挟まれて南北に延びた日本列島は、季節の変わり目には雨が降り湿潤な風土だ。急峻な山には渓流がたくさんあり、渓流の魚たちを育んでいた。そんな山女魚や岩魚たちとフライフィッシングで、充分に遊べることを芦澤さんは並べて紹介したのであった。

急峻な谷を流れる渓流は随所に速い流れと緩い流れを作り出し、緩い流れには渓流の魚たちが流れてくる虫などを待ち受けるポケットウォーターがあった。水温が低く、段差のある速い流れには水生昆虫などのエサも少ないので、渓流魚たちはポケットウォーターに流れてくるエサに強い反応を示し、虫に似せた毛鉤《フライ》がポケットウォーターに流れれば、魚は反射的に飛びついて来て簡単に釣れる。フライフィッシングは日本の渓流には合っている遊びだった。だから、ちょっとフライフィッシングに慣れてくれば、技術やテクニックなど必要ないのだ。

フライフィッシングがポピュラーになってきて、雑誌やビデオにフライフィッシングの技術論を発表する人たちが多くなってきた。それらは、必要以上に難しいテクニックを要求したものであり、初心者が容易に入り込めないようなものであった。また、釣り具メーカーの宣伝のような技術論でもあった。釣り場案内を伴った記事のため、地元の釣り人が大切にしている場所を暴くようなものであり、釣り人が押し掛けて釣り場が荒れ果てる始末だった。そんな技術論や記事を嘆いた結果が、冒頭の芦澤さんのひとことだったのではないかとボクは思う。

一九六〇年代は急速に色々なものが発展した時代だった。人々は各所を行き交い、マイホームや電化製品、自動車などが急激に普及した。快適な生活を求めて発展した国々には物質があふれていった。その代わりに、自然が開発され環境も破壊されていった。その頃に芦澤さんはアメリカの若者たちの動きに興味を持ち、七〇年代になってアメリカを旅している。アメリカが他国の国内紛争に介入し、若者たちがその戦争に駆り出され命を失っている頃だ。物質文明、消費社会の権化であるアメリカで起こっていることを目の当たりにし、芦澤さんの心は動いたはずだ。

自然が破壊され環境が崩されていく社会への批判として、アメリカの若者たちは「環境を見直そう、人間は野性を取り戻さなければならない」と強く訴える運動を続けていた。芦澤さんは、それを見て、物質があふれているバブリーな日本でも、自然を壊して成り立った豊かさに、警鐘を鳴らそうと決めたのだ。芦澤さんはひとりの釣り人でありながら、書いていく原稿のなかに「環境」「野性」などという言葉を使った、日本ではじめての人ではないだろうか。

アメリカでは、フライフィッシングを例にとっても、物質を作るためだけの水資源を見直し、上手にコントロールしてレジャーや釣り場環境づくりへ生かそうという動きにシフトされていった。獲れるだけ獲り、搾取の限りを尽くして魚のいなくなった川や湖を舞台にプロジェクトを組んで回復に取り組み、魚たちを増やしていく。そして、今後のためにレギュレーションを取り決めて、厳しく管理していく。結果、この取り組みは成功し、「キャッチ・アンド・リリース」が釣り場環境の復活に効果があることが証明された。釣り人たちの自制を促すことに成功したのだ。

「環境を考えること」をベースに書かれている芦澤さんの文章は重たい。

『山女魚里の釣り』とタイトルが付けられているこの本は、さぞかし大物の釣れる里川の案内があるのだろうとか、たくさんの山女魚たちに出会えるテクニックやポイントが満載されていると想像するだろう。そうではないのだ。この本には芦澤さんの自然への思いが込められているのだ。目次を見ると、以前に行ったことのある川の名や、噂に聞いていつかは訪ねてみたいと思っている川の名が記されている。文章に入り込んでいくと、自分もその森を歩き川に下り立っているように導いてくれる。それは芦澤さんの自然描写の豊かさと確実な言葉遣いから来るものだとわかる。そして、自然観察の眼が細やかで繊細なことも。

ボクは、釣り人として、自分の訪ねた川や森をこんな感覚やこんな眼で観察したことはない。芦澤さんの言葉の意味がここにあったのかと確信した。「ロッドアクションを理解しラインを飛ばすテクニックを駆使するようなハードな面だけで魚を釣ることだけが釣りではない。自然とふれあい、人と交わりながら、ソフトな内面的なものでふれあうのも魚釣りだよ……」と、あらためて言われたような気がする。人と漁獲を競ったり、出漁日数を自慢したりとかの次元の低い人間になるな。フライフィッシャーマンよ！　インテリであれ！　とも言われたように思う。

（さとうもりお　ジャパン・フライフィッシャーズ名誉会長）

*『山女魚里の釣り』は、一九八九年（平成元年）に小社より単行本として刊行されました。本文庫版は、一九八九年二月二十日発行の単行本初版第一刷を底本として、再編集したものです。

*記述内容は当時（主に昭和五十〜六十年代）のもので、現在の状況とは異なります。

*文庫版に挿入した写真は紹介した河川を撮影したものですが、イメージです。当時の河川の様子を表したものではありません。

*用字用語に関しては、原文の趣を損なわぬように配慮し、読みやすいように表記をかえた部分があります。

芦澤一洋（あしざわ・かずひろ）／一九三八年山梨県鰍沢町（現・富士川町）生まれ。早稲田大学卒業。アウトドアライター。アートディレクター。新聞、雑誌、テレビ、ラジオなどでフライフィッシング、バックパッキングを中心にアウトドアライフ全般にわたる活動を展開。この分野の草分け的存在で、第一人者となった。一九九六年逝去。主な著書に『バックパッキング入門』『フライフィッシング全書』『アウトドア・ものローグ』『アーバン・アウトドア・ライフ』、訳書にコリン・フレッチャー著『遊歩大全』がある。

カバー写真＝高野建三
カバーデザイン＝松澤政昭
本文ＤＴＰ＝千秋社
写真＝高野建三（二〇八―二〇九頁）、
佐藤成史（二九、四〇―四一、二二四―二二五、二三九、二九四頁）
校正＝五十嵐柳子
編集＝単行本　入澤美時／文庫　稲葉　豊（山と溪谷社）

山女魚里の釣り

二〇一七年十月三十日　初版第一刷発行

著　者　芦澤一洋
発行人　川崎深雪
発行所　株式会社　山と溪谷社
郵便番号　一〇一―〇〇五一
東京都千代田区神田神保町一丁目一〇五番地
http://www.yamakei.co.jp/

■乱丁・落丁のお問合せ先
山と溪谷社自動応答サービス　電話〇三―六八三七―五〇一八
受付時間／十時～十二時、十三時～十七時三十分（土日、祝祭日を除く）
■内容に関するお問合せ先
山と溪谷社　電話〇三―六七四四―一九〇〇（代表）
■書店・取次様からのお問合せ先
山と溪谷社受注センター　電話〇三―六七四四―一九一九
ファクス〇三―六七四四―一九二七

フォーマット・デザイン　岡本一宣デザイン事務所
印刷・製本　株式会社暁印刷
定価はカバーに表示してあります

Printed in Japan ISBN978-4-635-04844-6

ヤマケイ文庫ラインナップ

新編 単独行
新編 風雪のビヴァーク
ミニヤコンカ奇跡の生還
垂直の記憶
残された山靴
梅里雪山 十七人の友を探して
ナンガ・パルバート単独行
わが愛する山々
星と嵐 6つの北壁登行
空飛ぶ山岳救助隊
私の南アルプス
生還 山岳捜査官・釜谷亮二
【覆刻】山と溪谷
山と溪谷 田部重治選集
山なんて嫌いだった
タベイさん、頂上だよ
ドキュメント 生還
日本人の冒険と「創造的な登山」
処女峰アンナプルナ
新田次郎 山の歳時記
ソロ 単独登攀者・山野井泰史
トムラウシ山遭難はなぜ起きたのか
凍る体 低体温症の恐怖
狼は帰らず
マッターホルン北壁
単独行者《アラインゲンガー》 新・加藤文太郎伝 上／下
大人の男のこだわり野遊び術
空へ 悪夢のエヴェレスト
ドキュメント 気象遭難
ドキュメント 滑落遭難
ドキュメント 道迷い遭難
ドキュメント 雪崩遭難
ドキュメント 単独行遭難
山からの絵本
たった一人の生還
北極圏1万2000キロ
K2に憑かれた男たち
「槍・穂高」名峰誕生のミステリー
大イワナの滝壺
第十四世マタギ
穂高に死す
長野県警レスキュー最前線
穂高の月
山釣り
怪魚ハンター
溪語り・山語り
新編 底なし淵
新編 溪流物語
マタギ
アウトドア・ものローグ